Maren Franz, geboren 1968, studierte in Berlin Germanistik und Kommunikationswissenschaften. Als freie Autorin hat sie zahlreiche Sachbücher und Ratgeber veröffentlicht. Heute lebt und arbeitet sie mit Ihrer Familie in der Nähe von Frankfurt.

Josephine Pauluth ist seit dem Abschluss der Fachoberschule für Gestaltung sowie der Ausbildung als Mediengestalterin für Digital- und Printmedien als Grafikerin in einer Werbeagentur tätig. Im September 2017 schloss sie ein Studium an der Akademie für Illustration und Design in Berlin erfolgreich ab und arbeitet seitdem auch als freiberufliche Illustratorin für verschiedene Kinder- und Jugendbuchprojekte. Sie kombiniert am liebsten analoge und digitale Techniken, um ihren Illustrationen ein Gesicht zu verleihen. Die Werke für die Verlagsgruppe Oetinger gehören u. a. zu ihren ersten Publikationen.

TANZE
BARFUSS DURCH DEIN
LEBEN

GLÜCKSIDEEN
FÜR DEIN
JAHR

Texte von
Maren Franz

Illustrationen von
Josephine Pauluth

Oetinger Taschenbuch

Originalausgabe

1. Auflage 2018
© Oetinger Taschenbuch in der Verlag Friedrich Oetinger GmbH,
Poppenbütteler Chaussee 53, 22397 Hamburg
November 2018
Alle Rechte vorbehalten
© Texte: Maren Franz
© Einband und Illustrationen: Josephine Pauluth
Satz: fuxbux, Berlin
Druck: PNB Print Ltd., "Jāņsili", Silakrogs,
Ropažu novads, LV-2133, Lettland
ISBN 978-3-8415-0541-5

www.oetinger-taschenbuch.de

Liebe Leserin,

du hast gerade ein Buch aufgeschlagen, das nur einen Zweck hat: Es soll dich glücklich machen und mit deiner Hilfe zu einem ganz besonders wertvollen Schatz werden. Dies Buch steckt voller Mitmachideen, Beautytipps, leckeren Rezepten, Bastelanregungen, Achtsamkeitsübungen und Entspannungseinheiten. Mithilfe der Fragen, die du für dich alleine beantwortest, wirst du dich selber besser kennenlernen und vielleicht ganz neu entdecken. Dieses Buch möchte dich voller Gelassenheit und Achtsamkeit durch ein aufregendes Jahr begleiten und dir hilfreich zur Seite stehen, um deinem Leben spielerisch mehr Aktivität, Lebensfreude und Kreativität zu schenken.

Wir haben das Buch thematisch nach Jahreszeiten sortiert, aber du darfst natürlich hin und her springen. Die Atem-, Meditations-, und Yogaübungen kannst du zu einer Abfolge zusammenstellen und so eine längere Trainingseinheit durchführen. Lasse dich einfach mal auf die Übungen zur Achtsamkeitssteigerung oder die Meditationsreisen ein und probiere aus, wie du mit der Kraft deiner Gedanken deinen Atem beeinflussen kannst. Mache dies Buch zu deinem Buch und male nach Herzenslust darin herum.

- ♥ Entdecke die Möglichkeiten, die in dir schlummern.
- ♥ Erwecke deine innere Kraft und Energie.
- ♥ Halte einen Moment inne, genieße den Augenblick.
- ♥ Sei du selbst – alle anderen gibt es schon.
- ♥ Nimm dir mehr Zeit für den wichtigsten Menschen in deinem Leben – für dich.
- ♥ Schließe Freundschaft mit dir selbst.
- ♥ Dies ist dein Buch – mach es zu deinem persönlichen Glücksbuch.
- ♥ Dies ist dein Leben – lebe es …
- ♥ … und tanze barfuß voller Leichtigkeit und Freude durch dein Leben.

Im Buch taucht immer wieder eine Position namens »Prinzessinnenstellung« auf. Die Anleitung dazu findest du auf S. 74.

Inhalts—
verzeichnis:

WINTER

FRÜHLING

SOMMER

HERBST

WINTER

Nun werden die Tage kürzer und die Nächte dunkler. Jetzt ist genau die richtige Zeit, um es sich im warmen Zuhause richtig gemütlich zu machen. Um nach einem langen Spaziergang heiße Schokolade zu trinken, um dich mit dicken Socken auf deinem Lieblingsplatz einzukuscheln und in einem spannenden Buch zu versinken. Um mit deiner Großmutter Plätzchen zu backen und die ersten Weihnachtsgeschenke für deine Freundinnen und Familie vorzubereiten.

Die Sonne zeigt sich nur noch selten am Himmel. Vertreibe die Dunkelheit und hole dir ein Licht in dein Zuhause, indem du draußen im Garten oder auf dem Balkon Laternen entzündest und es dir drinnen mit Kerzen heimelig machst.

Welche Dinge machen dich im Winter glücklich?
Male in das Bild deine kleinen Glücksschätze.

»Das Lachen ist die Sonne, die aus dem menschlichen Antlitz den Winter vertreibt.«
Victor Hugo, französischer Schriftsteller, 1802–1885

11

Dezember

Im Dezember herrschen graue Farben und gedeckte Töne vor. Die Bäume haben ihr buntes Kleid abgelegt und sparen ihre Energie für den Frühling auf, um dann wieder in voller Pracht zu erblühen. Die Sonne zeigt sich nur noch selten, graue Regenwolken ziehen über das Land. Der Ostwind bläst kalte Winterluft in dein Gesicht. Erste Schneewolken bringen einen Vorgeschmack auf die kalte Jahreszeit. Jetzt beginnt die gemütliche Zeit in der Wohnung. Es riecht nach Tannenzweigen, Orangenschalen und ofenfrischen Plätzchen. Kerzen verzaubern ihre Umgebung im flackernden Licht. Ein vorweihnachtlicher Zauber liegt in der Luft. Der Schlitten steht schon neben der Haustür, bereit für seine erste Fahrt.

Ziehe dich warm an, mache einen langen Spaziergang und genieße danach die wohlige Gemütlichkeit deines Zuhauses. Spüre, wie deine Hände kribbeln, wenn du sie wieder aufwärmen lässt. Die Nase läuft, und deine Wangen prickeln und erröten von der Kälte. Jetzt kannst du es dir so richtig gemütlich machen. Schreibe hier auf, wie du dich in dieser Zeit verwöhnst.

» Alles hat seine Zeit: Winter und Sommer, Herbst und Frühling,
Jugend und Alter, Wirken und Ruhe.«
Johann Gottfried Herder, deutscher Schriftsteller, 1744–1803

Love 1:
Wunschliste für dich

In der Vorweihnachtszeit dreht sich plötzlich alles um Geschenke. Mache dir, oder besser gesagt, deinem zukünftigen »Ich« doch selber ein besonderes Geschenk. Schreibe deine Wünsche für deine Zukunft auf einen Zettel. Lege den Zettel mit einem kleinen Erinnerungsstück in eine Pappschachtel und verpacke sie wie ein Geschenk. Schreibe auf das Päckchen das Datum von Weihnachten in 5 Jahren. Verstecke dies Geschenk an einem sicheren Ort. Lege dein Geschenk an dich nach Ablauf dieser Zeit unter den Weihnachtsbaum und öffne es. Du wirst deine Zukunftswünsche aus der Vergangenheit ganz sicher mit einem Lächeln lesen.

Love 1: Wunschliste für deine Liebsten (Teil 2)

Planung ist alles. Wenn du keine Lust hast, dich vor Weihnachten von dem überflüssigen Geschenkestress beherrschen zu lassen, fängst du am besten schon früh an, dir nette Kleinigkeiten für deine Freunde und Familie zu überlegen. Wenn du genügend Zeit hast, fallen dir bestimmt auch persönliche Geschenke ein, mit denen du eine große Freude bereiten kannst. Kleine Geschenke, die von Herzen kommen, sind für den Beschenkten oft viel wertvoller als gekaufte. Zuhören, Zeit für den anderen haben, Mitgefühl zeigen, gemeinsam etwas erleben und neue Eindrücke sammeln – das sind alles unglaublich kostbare Momente. Verschenke das kostbarste Geschenk von allen – das Geschenk deiner Freundschaft.

Höre aufmerksam zu und versuche herauszufinden, was sich dein Gegenüber wirklich wünscht. Vielleicht einen gemeinsamen Ausflug oder ein Spaziergang? Vielleicht Hilfe bei den Hausaufgaben oder im Haushalt?

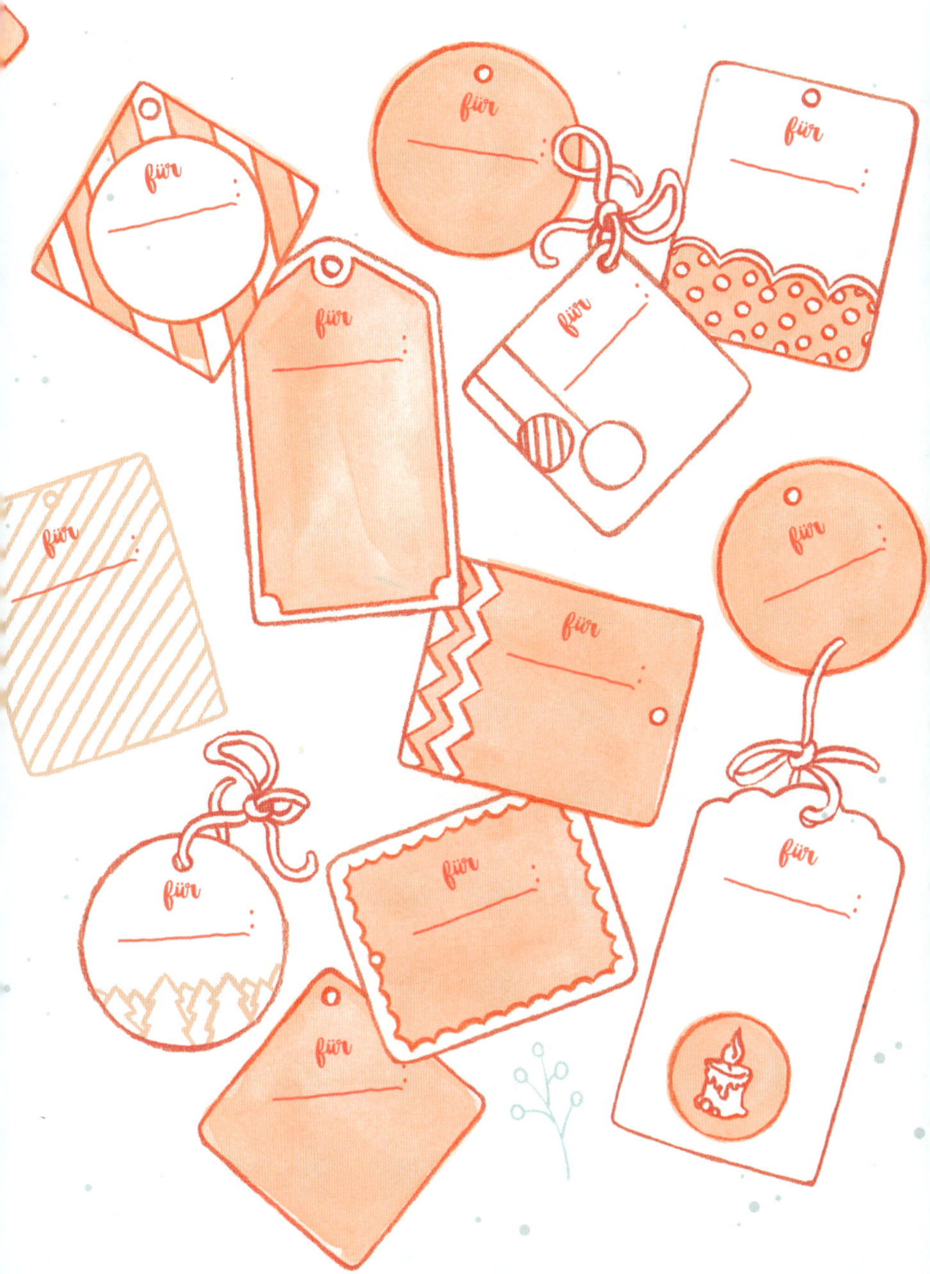
für
für
für
für
für
für
für
für
für
für
für
für

Yoga 1:
Hängende Vorbeuge

Diese einfache Yogaübung gehört zu den Umkehrübungen. Dein Kopf steht auf dem Kopf und wird, da das Herz so über ihm liegt, mit besonders viel frischem, sauerstoffhaltigem Blut und damit mit neuer Energie versorgt. Das verjüngt und revitalisiert deinen Geist. Mit der hängenden Vorbeuge übst du dich in Gelassenheit und Hingabe. Du entlastest deinen Geist und erlaubst deinem Kopf, den Schultern und dem oberen Rücken, alles loszulassen. Sie hilft dir bei geistiger Erschöpfung nach einer anstrengenden Konzentrationsphase und beruhigt deine Nerven. Die Übung dehnt deinen unteren Rücken und die Rückseite deiner Oberschenkel und eignet sich daher perfekt dazu, nach einer langen Einheit am Schreibtisch oder vielen Lesestunden auf dem Sofa wieder fit und wach zu werden.

So geht's:

1. Stelle dich in die Grundstellung. Deine Füße stehen hüftbreit auseinander, so weit, dass du noch einen Fuß dazwischenstellen könntest. Die Arme lässt du locker neben deinem Körper hängen. Kippe deine Hüfte etwas nach vorne und richte dich stolz auf. Dein Stand ist stabil und sicher.

2. Einatmend streckst nun du die Arme über deinen Kopf in die Höhe und ziehst dich in die Länge.

3. Mit dem Ausatmen lässt du deinen Oberkörper nach vorn sinken. Halte dabei deinen Rücken möglichst gerade – es ist wichtiger, den Rücken gestreckt zu lassen, als mit der Nase die Schienbeine zu berühren. Lasse deine Arme locker an den Seiten hängen oder stütze deine Hände auf dem Boden ab. Lass deinen Oberkörper von der Schwerkraft nach unten ziehen, ohne aktiv zu ziehen. Vertraue ganz auf deine Atmung und lasse dich sanft von jedem Atemzug tiefer in die Vorbeuge führen.

4. Strecke den Po nach oben und genieße es, deinen Oberkörper und den Kopf einfach loszulassen. Deine Beine halten dich sicher.

5. Verschränke nun deine Arme in deinen Armbeugen und lass sie einfach hängen. Richte deine Aufmerksamkeit auf deine Lendenwirbelsäule. Atme tief ein und aus. Spüre, wie sich dein unterer Rücken mit jeder Ausatmung weiter dehnt und ent- spannt. Denke mit jedem Einatmen »lass« und mit jedem Ausatmen »los«.

6. Bleibe etwa zehn tiefe Atemzüge in dieser entspannenden Haltung. Spüre, wie der Atem mit jeder Einatmung den Oberkörper bewegt und sanft schaukelt.

7. Löse deine Arme und stütze sie in der Hüfte auf. Drücke deine Füße in den Boden und richte dich mit geradem Rücken auf. Strecke dich einatmend in die Höhe und lege die Hände vor dem Herzen zusammen. Verweile einen Moment in dieser Haltung, um deinen Kreislauf zu stabilisieren.

Kreativ 1:
Familienzeit

Plane einen Überraschungs-Familienausflug!

Du bestimmst, was ihr machen werdet. Suche dir ein Ziel in der näheren Umgebung aus und überlege dir ein Programm für den Tag.

Wie kommt ihr an den Zielort, was willst du dort machen und ansehen, wo willst du essen? Was musst du dafür einpacken?

Mache dir eine Liste und überrasche deine Familie mit einem interessanten Programm. Weihe sie frühzeitig in deinen Plan ein, den Tag gemeinsam zu verbringen, damit alle Zeit haben. Aber – psst! –, nicht zu viel verraten: Das Ziel und das Programm bleiben dein Geheimnis.

Yoga 2:
Das Immunsystem stärken

Mit dieser reinigenden und immun-
systemstimulierenden Übung kannst du dich
vor den Erkältungsviren der kalten
Jahreszeit schützen.

So geht's:

1. Nimm eine bequeme, aufrechte Haltung ein.
Lasse deinen Atem einen Moment lang fließen.
Beobachte deinen Atem, ohne ihn zu beein-
flussen, und spüre, wie du ruhig wirst.

2. Hebe nun deinen linken Arm mit gebeugtem Ellenbogen auf Schulterhöhe, die Schulter bleibt dabei entspannt. Deine Handfläche weist nach vorne. Bilde dann mit deinem Daumen und dem Ringfinger einen Kreis, indem du die Kuppen aufeinanderlegst.

3. Verschließe deine rechte Hand mit gestrecktem Zeigefinger sanft zu einer Faust und drücke den Zeigefinger auf den rechten Nasenflügel, um ihn zu schließen.

4. Beginne nun im Feueratem (Kapalbhati) zu atmen, indem du kräftig und schnell aus dem unverschlossenen Nasenloch ausatmest, als wenn du eine Kerze auspusten möchtest. Konzentriere dich nur auf das Ausatmen. Das Einatmen übernimmt dein Körper, er hat einen Reflex, den du so aktivierst und trainierst.

5. Atme in diesem Feueratem etwa 1–3 Minuten.

6. Wechsele die Seite und atme auch hier etwa 1–3 Minuten den Feueratem.

7. Halte die Luft einen Moment an. Atme dann dreimal tief durch beide Nasenlöcher ein und laut durch den Mund wieder aus. Lass den Atem noch einen Moment unkontrolliert fließen, bis er sich beruhigt hat.

Achtsamkeit 1:
Wintersonne im Herzen

Im Winter vermisst unser Körper die wärmenden Strahlen der Sonne. Doch auch wenn sich die reale Sonne rar macht, können wir sie ganz schnell in unserem Geist aufgehen lassen und uns an ihrer positiven Energie wärmen. Wir alle tragen unsere Sonne im Herzen. Mit dieser Übung aktivierst du die Sonnenenergie in dir, wenn die Tage grau und nass sind. Nimm dir einen Moment Zeit für diese Achtsamkeitsübung.

So geht's:

Setze dich bequem in den Schneidersitz und richte dich auf, denke an deine Krone. Lege deine Hände locker in deinen Schoß und bilde eine Art Schale, in der du die Sonnenenergie auffangen kannst.

Stelle dir vor, dass dir nun Wurzeln wachsen. Sie wachsen aus deinen Fußgelenken und deinem Po, mit denen du die Erde berührst. Die Wurzeln erden dich. Sie geben dir Kraft, Stabilität und sicheren Halt.

Stelle dir nun vor, dass an deinem Scheitel eine silberne Schnur befestigt ist, die dich nach oben zieht.

Atme ruhig und gleichmäßig ein und aus.

Stelle dir vor, dass sich vor deinen Augen ein breites Tor öffnet, durch das helles Licht fällt. Du gehst durch die Tür in das Licht. Vor dir breitet sich eine wunderbare Berglandschaft aus. In der strahlenden Sonne liegen grüne Auen, dunkle Wälder wiegen ihre Wipfel. Am blauen Himmel steht hoch die warme Sommersonne. Du folgst einem Pfad und steigst auf den Berg. Es ist ganz mühelos. Du steigst immer höher auf, der Sonne entgegen. Du spürst mit jedem Schritt, wie die Sonne deine Haut wärmt. Jetzt stehst du auf dem Berg. Der silberne Faden auf deinem Scheitel verschmilzt jetzt mit dem Sonnenschein. Spüre, wie ein breiter Strahl goldenen Sonnenlichts in deinen Kopf fließt. Die Wärme fließt deine Wirbelsäule entlang und verteilt sich in deinem Körper wie in einem Gefäß. Spüre, wie sich das goldene Licht bis in deine Füße verteilt und dich wärmt. Du fängst die goldenen Strahlen mit der Schale deiner Hände auf.

Genieße die Wärme in deinem Körper. Wenn es Zeit für dich ist, verneige dich innerlich vor der Energie der Sonne, bedanke dich für ihre Fülle und steige den Berg wieder hinab. Schreite durch das Tor, verschließe es und kehre zum Hier und Jetzt zurück.

Achtsamkeit 1:
Wintersonne im Herzen (Teil 2)

Schreibe hier deine Gedanken und Gefühle auf,
die du während der Meditation gespürt hast.

Soulfood 1:
Zimtbrötchen

Skandinavische Zimtbrötchen sind zärtliche Seelenstreicheleinheiten des Winters und zaubern dir schnell ein Lächeln ins Gesicht. Sie eignen sich auch hervorragend dazu, geteilt zu werden und schmecken besonders nach einem langen Spaziergang in der Kälte gut.

Du brauchst:

Teig	Füllung	Glasur
150 g Butter	40 g Zucker	1 Ei
50 g frische Hefe	2 EL Butter	Hagelzucker
0,5 Liter Milch	1 TL Zimt	
100 g Zucker		
750 g Weizenmehl		
½ TL Salz		

Anleitung:

Butter abwiegen und in einer Kasserolle oder Auflaufform auf den Herd stellen. Bei niedriger Hitze zerlaufen lassen. Milch dazugeben und erhitzen, bis sie lauwarm ist. Den Zucker und eine Prise Salz einrieseln lassen. Dann die Hefe in einer Rührschüssel zerkrümeln und mit der warmen Milchmischung übergießen. Ca. fünf Minuten ruhen lassen.

Das Mehl zugeben und alles zu einem geschmeidigen Teig kneten. Dann mit einem sauberen Küchentuch abdecken und 20–30 Minuten zur doppelten Größe aufgehen lassen. Noch einmal durchkneten. Mehl ausstreuen, den Teig teilen und darauf zu 2 länglichen, etwa 1 cm dicken Platten ausrollen. Etwas Butter in einem kleinen Töpfchen schmelzen, Zucker und Zimt dazugeben. Die Platten mit der flüssigen Butter bestreichen. Von der schmalen Seite aus aufrollen und an der »Naht« festdrücken. Mit einem Messer von der Rolle etwa 2 cm dicke Scheiben abschneiden und auf ein gebuttertes oder mit Backpapier ausgelegtes Backblech legen und nochmals kurz gehen lassen. Schlage mit einem Schneebesen ein ganzes Ei auf und bestreiche die Brötchen mit einem Pinsel. Streue etwas Hagelzucker darüber und schiebe das Blech für 5–7 Minuten in den vorgeheizten Backofen bei 250 °C Umluft.

Love 2:
Fülle deinen Werkzeugkasten

Stelle dir vor, dass jede deiner Fähigkeiten ein Werkzeug ist, das dich im Leben weiterbringt. Nutze deine Zeit, um deine emotionalen, körperlichen und sprachlichen Fähigkeiten zu schulen und für dich zu nutzen. Verbringe möglichst viel Zeit mit Dingen, die dich in deiner Entwicklung, in deinem Wachstum unterstützen. Natürlich ist es wichtig, sich Zeit zum Entspannen und Nichtstun zu gönnen. Zu einem erfüllten und glücklichen Leben gehört aber auch das Erlernen von Tätigkeiten und das Bewältigen von Herausforderungen. Versuche, dir jede Fähigkeit, die du erlernst, wie ein Werkzeug vorzustellen.

♥ Englisch

♥ Fahrrad fahren

> » JEDES WERKZEUG ERHÄLT NÄMLICH DADURCH SEINE VOLLENDUNG,
> DASS ES NICHT MEHREREN, SONDERN NUR EINEM ZWECKE DIENT. «
>
> ARISTOTELES, GRIECHISCHER GELEHRTER, GEST. 322 V. CHR.

Dazu gehören das Erlernen einer Sprache, eines Instruments oder einer Sportart genauso wie das Sammeln von Erfahrungen, Erkenntnissen und Gesprächen, die dein Leben bereichern. Stelle dir vor, dein Leben ist eine wunderschöne Statue. Sie hat noch viele rohe Ecken und Kanten und muss noch bearbeitet werden, damit sie in voller Schönheit erstrahlt. Überlege, welche Werkzeuge, welche Fähigkeiten du schon besitzt und welche du noch erlangen möchtest, um die Statue deines Lebens zu deinem Meisterstück zu machen. Schreibe in die eine Seite der Werkzeugkiste deine Fähigkeiten auf, die du schon beherrschst, und in die andere die Fähigkeiten, die du noch erlernen möchtest.

♥ Chinesisch

♥ Führerschein

Januar

Wusstest du eigentlich, warum wir das alte Jahr um Mitternacht mit so einem Höllenlärm verabschieden und warum dieser Tag »Silvester« heißt?

Zum einen ist der 31. Dezember der Namenstag von »Silvester«. Zum anderen leitet sich der Name Silvester von dem lateinischen Wort »silva« – Wald – ab. Man kann daher den Namen Silvester mit »Waldmensch« übersetzen. Die Silvesterfeiern, wie wir sie kennen, gehen auf heidnische Bräuche zurück. Die alten Germanen glaubten daran, dass in der dunklen Zeit zwischen den Jahren, den sogenannten »Raunächten«, die besonders lang und dunkel sind, der gefürchtete Kriegsgott Wotan mit seinem Geisterheer sein Unwesen treibt. Der 31. Dezember liegt genau in der Mitte dieser dunklen, kalten Zeit zwischen dem 25. Dezember und dem 6. Januar. Daher veranstalten sie um Mitternacht ein großes Spektakel, mit Lärm und Feuer. Dies sollte die Geister erschrecken und verhindern, dass sie in das Neue Jahr hinübergelangen können. Die Germanen zündeten dafür Holzräder an, die sie brennend ins Tal rollen ließen. Sie rannten schreiend und mit Töpfen und Pfannen, auf die sie mit Kellen schlugen, hinterher und machten so viel Krach, wie sie nur konnten, um die Geisterarmee zu vertreiben. Diesen heidnischen Kult feiern wir heute immer noch, oft ohne es zu wissen. Mit Feuerwerk und Böllern vertreiben wir um Mitternacht die bösen Geister des alten Jahres.

»UNSERE WÜNSCHE SIND
DIE VORBOTEN DER FÄHIGKEITEN,
DIE IN UNS LIEGEN.«
JOHANN WOLFGANG VON GOETHE,
DT. SCHRIFTSTELLER, 1749 – 1832

> » Selbst ein Weg von 1000 Meilen beginnt mit einem Schritt. «
> Asiatische Weisheit

Aus der Zeit der Germanen stammt ebenfalls der Brauch, den 1. Januar als Neuanfang zu nutzen und gute Geister zu wecken. Daher werden am Jahresanfang die guten Vorsätze und Pläne für das kommende Jahr gemacht. Hast du schon Vorsätze für die kommenden Monate? Schreibe sie auf eine Liste, die du hier im Buch aufbewahrst und bei Bedarf hervorholst. Setze dir realistische Ziele und teile sie in kleinen Zwischenschritte ein, dann gibt es keinen Frust, wenn du ein Ziel nicht ganz erreichst. Freue dich über jeden kleinen Schritt in die richtige Richtung.

Träumen 1:
Zukunftscollage

Deine Zukunft ist bunt. Mithilfe eines Zukunftsbildes, kannst du deine innersten Wünsche und Träume darstellen. Hier finden deine Zukunftsvision, aber auch deine Werte und Gedanken, die dir wichtig sind, ihren Platz. Im Alltag verlierst du schnell deine eigentlichen Wünsche und Ziele aus den Augen. Du beschäftigst dich oft rund um die Uhr mit kleinen Aufgaben und Problemen und kannst dabei leicht den Überblick verlieren. Du rennst im Hamsterrad und siehst nur noch die Gitterstäbe des Laufrads vor dir. Dabei hast du dein Leben selbst Hand und kannst es nach deinen Wünschen täglich neu gestalten. Doch nur wer sein Ziel kennt, kann einen Weg finden, der ihn zu diesem Ziel führt. Jetzt, am Jahresanfang, ist die perfekte Zeit, um dich auf dein persönliches Ziel zu besinnen. Halte kurz inne, orientiere dich und renne dann mit voller Kraft in Richtung deiner großartigen Zukunft. Gestalte dir dein eigenes Zukunftsbild. Sammle Bilder, Erinnerungsstücke und Glückssprüche, die ausdrücken, was dir im Leben wichtig ist, und dich auf dem Weg in die Zukunft begleiten sollen. Schaue dir deine Zukunftscollage so oft wie möglich an. Positive Gedanken, Bilder und Wörter beeinflussen unsere Stimmung und Emotionen. Dein Zukunftsbild ist wie Schokolade für deine Seele. Lass sie so oft wie möglich davon naschen. Diese Collage hilft dir, dich im Alltag zurechtzufinden und das Wesentliche nicht aus den Augen zu verlieren. Schneide aus Zeitschriften Bilder aus, die deine Wünsche repräsentieren, sammle Affirmationen und besondere Sätze. Schneide sie aus oder schreibe sie selber, bemale sie und klebe sie dann auf.

» DIE ZUKUNFT HAT VIELE NAMEN:
FÜR SCHWACHE IST SIE DAS UNERREICHBARE,
FÜR DIE FURCHTSAMEN DAS UNBEKANNTE,
FÜR DIE MUTIGEN DIE CHANCE. «
VIKTOR HUGO, FRANZÖSISCHER SCHRIFTSTELLER, 1802–1885

So geht's:

Notiere dir zuerst deine Ideen und Wünsche auf einen Zettel, ohne auf die Reihenfolge zu achten. Schreibe Begriffe auf, wie Zuhause, Liebe etc., Sprüche wie: KEEP CALM oder feste Ziele, wie »ans Meer fahren« oder »tauchen lernen«

Blättere Zeitschriften und Zeitungen durch. Auch Reiseprospekte oder alte Postkarten lassen sich gut verwenden. Schneide Bilder, Wörter, Sprüche und Symbole aus, die deine Wünsche widerspiegeln.

Jetzt sortierst du deine ausgeschnittenen Fundstücke. Probiere aus, wie dir die Collage am besten optisch gefällt.

Wenn du mit dem Ergebnis zufrieden bist, kannst du die einzelnen Schnipsel auf diese Seite oder eine feste Pappe kleben. Lass dir ruhig Zeit mit der Collage. Sie muss nicht an einem Tag fertig sein, sondern darf jederzeit erweitert werden.

Yoga 3: Shavasana, der Schlaf des Yogis

In der Shavasana-Stellung kannst du dich vollkommen entspannen. Diese einfach durchzuführende Übung hilft dir, Stress abzubauen und schenkt dir innere Ruhe und Zufriedenheit. Gleichzeitig versorgt sie deinen Körper mit neuer Energie. Dein Atem und dein Geist kommen zur Ruhe. Verspannungen lösen sich, dein Verstand kann sich von der lärmenden Affenbande befreien, und dein Körper schüttet Glückshormone aus. Diese Übung zur Tiefenentspannung kannst du vor und/oder nach deiner Yogapraxis durchführen. Vor der Praxis hilft sie dir dabei, ruhig zu werden und dich auf die Übungen vorzubereiten, um sie sanft und achtsam durchzuführen. Nach der Bewegung hilft sie dir dabei, deine Muskulatur zu entspannen und alle Anspannungen aktiv loszulassen. Auch wenn es von außen so aussieht, als ob du nur so rumliegst, kannst du in dieser »Totenstellung«, wie sie auch genannt wird, großartig entspannen und Anspannungen lösen, ohne dass man es von außen sehen könnte. Nur das leise Lächeln, dass sich während dieser Übung auf deinem entspannten Gesicht zeigt, weist auf die entspannende Wirkung dieser Übung hin. Du kannst während der Tiefenentspannung einen Body Scan, eine Traumreise oder eine Meditation machen – oder einfach deine Gedanken ziehen lassen und die vollkommene Ruhe genießen.

So geht's:

1. Lege dich bequem mit dem Rücken auf eine Yogamatte oder weiche Unterlage. Wenn du magst, decke dich mit einer leichten, weichen Decke zu. Achte aber darauf, dass dich nichts einengt. Öffne deine Beine hüftbreit und lass deine Füße locker zur Seite fallen. Die Arme hast du neben der Matte abgelegt, die Handflächen weisen nach oben. Der untere Rücken liegt sanft auf der Matte. Schaukele die Hüfte ein paarmal hin und her und bleibe dann so liegen, wie es bequem ist. Dein Kopf liegt auf der Matte. Alles liegt richtig, wie es jetzt liegt, so wie es jetzt liegt, liegt es gut. Schließe deine Augen und atme sanft durch deine Nase. Es gibt jetzt nichts mehr zu tun. Lasse deinen Körper einfach in den Boden sinken.

2. Spüre, wie der Boden dein Gewicht trägt. Das Gewicht deines Kopfes, der in die Matte sinkt. Atme ruhig und gleichmäßig durch die Nase ein und aus. Spüre, wie sich deine Bauchdecke sanft senkt und hebt. Mit jeder Ausatmung verlässt Anspannung und Stress deinen Körper, und mit jeder Einatmung nimmst du Kraft und Energie auf. Dein Körper wird mit jedem Ausatmen schwerer, deine Muskulatur entspannt sich mit jedem Atemzug, und dein Geist wird mit jedem Einatmen leichter.

3. Bleibe mindestens fünf Minuten und längstens 20 Minuten in dieser Stellung. Meistens überschreiten wir die Schwelle zum Schlaf, wenn wir zu lange liegen bleiben.

» NUR WER FÜR DEN AUGENBLICK LEBT, LEBT FÜR DIE ZUKUNFT. «

HEINRICH VON KLEIST, DEUTSCHER DRAMATIKER, 1777–1811

4. Um die Stellung zu verlassen, bewegst du zuerst deine Finger, dann die Arme und Beine. Räkle dich und strecke deine Arme über deinem Kopf aus. Ziehe dich mit beiden Armen in die Länge und umarme dann deine Knie. Schaukele von links nach rechts und von vorne nach hinten und komm dann mit Schwung in den Sitz. Jetzt bleibe noch ein paar Momente mit geschlossenen Augen sitzen und atme tief ein und aus. Bedanke dich bei deinem Körper für die Entspannung, die er dir geschenkt hat und öffne die Augen.

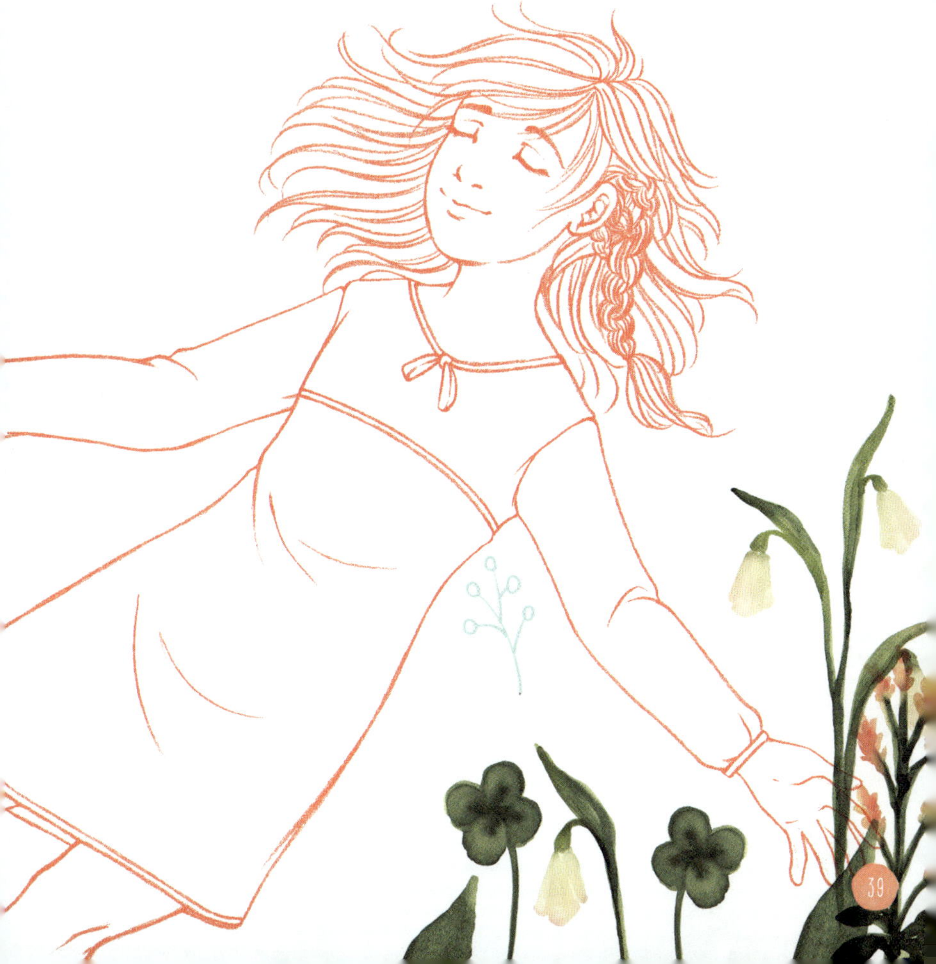

Achtsamkeit 2:
Akzeptiere deine Schwächen

Wir alle tragen Verletzungen und Selbstzweifel in uns. Nur wenn wir sie aus dem Dunklen ans Licht holen, liebevoll betrachten und akzeptieren, können wir uns von ihnen befreien. Nimm dir einen Moment, um dich mit ungeliebten Selbstzweifeln zu beschäftigen. Sie sind ein Teil von dir und gehören genauso zu dir wie deine Stärken. Sie sind Teil deines Charakters – und das ist gut so!

Mit den folgenden Fragen kannst du diese Gefühle aus ihrem dunklen Kerker in deinem Unterbewusstsein befreien, in das du sie gesperrt hast. Sie sind die Ursache für Selbstzweifel und Minderwertigkeitsgefühle. Hole sie ans Licht und betrachte sie liebevoll – nur wenn du die Ursache für deine Zweifel kennst, kannst du daran arbeiten:

- ♥ Hast du ein Problem damit, »Nein« zu anderen zu sagen?
- ♥ Kannst du im Streit deine Meinung artikulieren?
- ♥ Kannst du Kritik annehmen?
- ♥ Kannst du mit Komplimenten umgehen?
- ♥ Kennst du deine Wünsche und kannst sie auch gegen Widerstände aussprechen?
- ♥ Steckst du andere schnell in Schubladen und hast leicht Vorurteile?

> **» DIE KÜRZESTEN WÖRTER, NÄMLICH ›JA‹ UND ›NEIN‹,
> ERFORDERN DAS MEISTE NACHDENKEN. «**
>
> PYTHAGORAS, GRIECHISCHER PHILOSOPH, 570 – 510 V. CHR.

Schaue dir nun in Ruhe deine Antworten noch mal an. Versuche, dir zu überlegen, warum du die Frage so beantwortet hast. Bist du mit deiner Reaktion zufrieden oder würdest du diesen Aspekt gerne an dir selber ändern? Wenn du z. B. die Frage nach deiner Kritikfähigkeit mit »Nein« beantwortest hast, könntest du darüber nachdenken, warum du bei Kritik gleich sauer reagierst. Dann könntest du versuchen, dir klarzumachen, dass die Kritik eines Freundes ein liebevoller Vorschlag ist, das Beste aus dir herauszuholen und dir zu helfen. Nimm diese Hilfe an, auch wenn sie erst mal schmerzt. Das Annehmen und Umsetzen von konstruktiver Kritik bringt dich in deiner Entwicklung einen großen Schritt weiter und lässt dich souverän und selbstbewusst werden.

Love 3:
Liebevolle Selbstbetrachtung

Nichts lässt sich mit dem tiefen Gefühl der reinen Liebe vergleichen. Zu lieben ist ein überwältigendes, wunderschönes Gefühl, das dich glücklich macht und dich durch dein Leben tanzen lässt. Nein, ich spreche jetzt nicht von dem Prinzen auf dem weißen Pferd. Ich meine dich.

Wir lieben unseren Freunde, Geschwister und Eltern, doch was ist mit uns selbst? Was ist mit dir? Dem wichtigsten Menschen in deinem Leben? Oft vergessen wir, uns selbst zu lieben. Dabei ist Selbstliebe der wichtigste Faktor für ein glückliches und ausgefülltes Leben und sollte einen hohen Stellenwert einnehmen.

Sich selbst zu lieben bedeutet nicht selbstverliebt, arrogant oder egoistisch zu sein. Selbstliebe bedeutet vielmehr, dass du gut für dich und deine Bedürfnisse sorgst, dass du dich selbst achtest und respektierst. Dass du dich in schwierigen Situationen unterstützt und stolz auf das bist, was du erreichst.

Die Liebe zu sich selbst ist uns in die Wiege gelegt, jeder trägt sie in seinem Herzen, doch manchmal muss man sie erst einmal entdecken. Lerne dein inneres Ich kennen und beginne damit, dich zu lieben. Du bist die wichtigste Person in deinem Leben. Stell dich vor den Spiegel. Sprich folgende Affirmation laut aus und lächle dir dabei zuversichtlich zu.

»Habe Geduld mit allen Dingen, vor allem mit dir selbst.«
Franz von Sales, Fürstbischof von Genf, 1567–1622

Ich öffne mein Herz ganz weit.
Ich fühle, wie Liebe und
Glück durch mich fließen.
Ich fühle mich wohl in meiner Haut.
Ich nehme meine Stärken und
Schwächen an.
Ich liebe mein Leben.
Ich liebe mich.

Schau dir in die Augen und sprich dir Mut zu, wenn dich eine Aufgabe ängstigt.

Sage dir täglich etwas Positives.

Sorge gut für deinen Körper und ernähre dich gesund.

Ich bin es Wert, geliebt zu werden.

Sei stolz auf
deine Erfolge.

Erlaube dir, Fehler
zu machen, und
lerne aus ihnen.

Sei geduldig mit
deinen Schwächen.

Ich bin dankbar
dafür, ich selbst sein
zu dürfen.

45

Glück 1:
Gefühle zeigen

Schön, dass es dich gibt!

Du kannst auch deine Freundschaften und Beziehungen mit Achtsamkeit und Hingabe ausfüllen und bereichern. Höre aufmerksam zu, wenn dir jemand etwas erzählt, und lass dich nicht von deinem Handyklingeln ablenken. Versuche, voll und ganz für den anderen da zu sein. Versetze dich in seine Probleme hinein, leide mit ihm, freue dich mit ihm, lache mit ihm.

Zeige deine Gefühle.

Sage deinem Lieblingsmenschen, wie sehr du ihn magst.

> » ES GIBT NICHTS SCHÖNERES, ALS GELIEBT ZU WERDEN, GELIEBT UM SEINER SELBST WILLEN ODER VIELMEHR TROTZ SEINER SELBST.«
> VICTOR HUGO, FRANZÖSISCHER SCHRIFTSTELLER, 1802–1885

Lächle jedem zu, der dir heute begegnet.

Schreibe einem alten Freund, von dem du lange nichts mehr gehört hast, einen Brief.

Mache ein ernst gemeintes Kompliment.

Bitte jemanden um Verzeihung, bei dem du dich schon lange ent- schuldigen wolltest.

Bewundere neidlos. Verströme gutes Karma und gute Laune.

Februar

Auch der Februar steht noch im Zeichen des Neubeginns. Unser Körper und Geist sind bereit, sich für etwas Neues zu öffnen. Jetzt ist genau die richtige Zeit, auf die Bedürfnisse deines Körpers und Geistes zu hören, alte Sorgen loszulassen, sich neu zu erfinden und sich von Belastendem zu trennen.

Die Tage werden schon wieder etwas länger. Die Dunkelheit des Winters zieht sich langsam, aber beständig zurück. Schneeglöckchen zeigen sich in den ersten Sonnenstrahlen und vermitteln uns einen Vorgeschmack auf die warme Jahreszeit. Die Luft ist noch kalt, aber frisch, sauber und voller Energie. Wecke auch deine Kräfte aus dem Winterschlaf! Trenne dich aktiv von Energiefressern und begegne dir voller Neugierde ganz neu. Schenke dir die Freiheit, so zu sein, wie du bist.

> » DAS LEBEN IST KEIN PROBLEM, DAS ES ZU LÖSEN,
> SONDERN EINE WIRKLICHKEIT, DIE ES ZU ERFAHREN GILT. «
> BUDDHA, CA. 400 V. CHR.

So, wie du bist, bist du Richtig.

Erlaube dir, glücklich zu sein,
träume bunt und grenzenlos
und trage ab und zu eine
rosarote Brille.

Glück 2:
Einfach mal loslassen

Der Himmel hängt voller grauer, regennasser Wolken? Perfekt! Jetzt ist die richtige Zeit um sich von alten Sorgen, Ängsten und negativen Gefühlen zu befreien. Lass diese negativen Gedanken einfach vom Regen fortwaschen. Schnapp dir Straßenmalkreide und gehe nach draußen. Male auf dem Bürgersteig ein Bild mit bunten Luftballons und schreibe in diese alle Gedanken, die du loslassen willst. Kaum fallen die ersten Regentropfen, verrinnen deine Probleme und mischen sich zu lustigen, bunten Wasserpfützen.

Yoga 4: Wechselatmung (Nadi Shodhana)

In der Jahreszeit des Umbruchs und Wachstums ist unser Körper oft müde, angeschlagen und anfällig für Erkältungen. Mit der folgenden Atemübung stärkst du dein Immunsystem und aktivierst die Stoffwechselaktivitäten. Mithilfe der Wechselatmung kannst du deine »Energiekanäle« reinigen und die Lebensenergie (Prana) fließen lassen.

Wenn dir während der Übung etwas schwindelig wird, kehre einfach zu deiner normalen Atmung zurück und versuche es nach ein paar tiefen Atemzügen noch einmal.

So geht's:

1. Setze dich in eine bequeme Position und richte dich achtsam auf. Nimm die Prinzessinnenhaltung an und lege deine Hände locker in den Schoß. Lass deinen Atem für einen Moment ganz ohne Kontrolle fließen.

2. Lege Zeige- und Mittelfinger deiner rechten Hand in die Handinnenfläche und spreize Daumen, Ringfinger und den kleinen Finger ab. Nun hebst du die rechte Hand hoch, und verschließt mit dem rechten Daumen dein rechtes Nasenloch und atmest tief durch das linke ein. Dann hältst du die Luft einen Moment an, wechselst in dieser Zeit die Seite und verschließt das linke Nasenloch mit dem Ringfinger der rechten Hand. Nun atmest du kräftig durch das offene Nasenloch aus und dann wieder tief ein. Deine Atmung bleibt dabei ruhig und gleichmäßig.

3. Luft anhalten, Seite wechseln, ausatmen und durch das gleiche Nasenloch wieder einatmen. Immer abwechselnd.

4. Versuche, etwa 4 Sekunden einzuatmen, 4 Sekunden zu halten und dann 8 Sekunden auszuatmen. Zähle einfach im Kopf langsam mit. Nach einer Weile hast du ein ganz gutes Gefühl für diese Zeit und kannst dich, ohne zu zählen auf die reinigende Atmung konzentrieren.

Wechsele anfangs etwa 5 Mal die Seite und
erweitere dann bis auf 10 Wiederholungen.

Träumen 2:
Ein Ort der Geborgenheit

Manchmal muss man einfach nur mal innehalten, damit einen das Glück einholen kann. Bleibe einen Moment ruhig stehen und schwelge in schönen Erinnerungen. Das Glück steckt in jedem Augenblick. Du kannst zwar den Augenblick nicht festhalten, aber dafür die Erinnerung daran. Es gibt Gegenstände, die dir dabei helfen können, den glücklichen Moment in deinem Inneren wieder zum Leben zu erwecken. Dinge, die uns durch die Erinnerung, die wir mit ihnen verknüpfen, Wärme und Geborgenheit schenken. Mit diesen Lieblingsstücken möchte man sich am liebsten immer umgeben, sie geben uns Kraft und Zuversicht, sie trösten oder wärmen uns von innen. Wir möchten sie auf der Haut spüren, in die Hand nehmen und berühren oder betrachten. Was vermittelt dir Wärme und Geborgenheit? Vielleicht die ausgeleierte Nur-für-zu-Hause-Jogginghose oder der Anblick einer Muschel vom Urlaub am Meer? Schaffe dir einen Ort der Erinnerung, der Wärme und Geborgenheit, an dem du Kraft tanken kannst. Stelle dort Fotos deiner Lieblingsmenschen auf, Duftkerzen und kleine Erinnerungsstücke, die dir etwas bedeuten und dein Herz lächeln lassen. Nutze diesen Platz, um zur Ruhe zu kommen. Dies ist dein Bereich, dein Altar. Hier schaffst du dir eine Oase für die achtsame Begegnung mit dir selbst.

» Meditation bringt uns in Berührung mit dem, was die Welt im Innersten zusammenhält. «
Johann Wolfgang von Goethe, dt. Schriftsteller, 1749–1832

Male hier auf, wie dein kleiner Altar aussehen würde.

Home 1:
Das Leben aufräumen

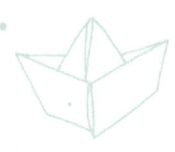

»Behalte nur, was dir Freude macht.« – das ist das Grundprinzip allen Entrümpelns und Ordnung-Schaffens. Im Laufe des Jahres gibt es immer wieder gute Gelegenheiten, um sich von überflüssigem Ballast zu befreien. Nach und nach beschäftigen wir uns mit einer bestimmten Kategorie und geben dir Hilfestellung, wie du dich ganz leicht von Überflüssigem trennen kannst. Wir helfen dir dabei, deine Bücher und Papiere zu ordnen und deine Kleidungsstücke auszusortieren. Doch jetzt geht es erst einmal um die Aufgabe, den lästigen Kleinkram zu ordnen, den man gerne in die Schubladen schmeißt, wie Batterien, Klebestifte, Schlüsselanhänger ... Kommt dir bekannt vor? Ich wette, du hast auch so eine »Chaosschublade«, wo alles landet, was keinen eigenen Platz hat. Und genau das ist der Punkt. Weise jedem Gegenstand einen festen Platz zu und lege ihn nach Gebrauch sofort dorthin zurück. So kannst du Ordnung schaffen und vor allem auch halten.

> » GEBRAUCHT DIE ZEIT, SIE GEHT SO SCHNELL VON HINNEN,
> DOCH ORDNUNG LEHRT EUCH ZEIT GEWINNEN.«
> JOHANN WOLFGANG VON GOETHE, DT. SCHRIFTSTELLER, 1749–1832

Kleinkram aufräumen

Mit Kleinkram sind alle Dinge gemeint, die man vielleicht irgendwann für irgendetwas mal irgendwie gebrauchen kann. Das sind z. B. Lippenstifte, die einem nicht stehen, bunte Perlen, angebrochene Farbtuben, verschmutzte Pinsel und so weiter. Nimm diese Schublade, den Karton oder den Behälter, in dem du solche Dinge aufbewahrst, und schütte ihn auf dem Küchentisch aus. Den Abfalleimer stellst du direkt daneben und lässt schon mal alles über die Kante in den Eimer rutschen, was nicht mehr zu gebrauchen ist. Dann sortiere die Dinge, die noch einen Wert haben, aber von denen du dich trennen kannst, aus. Überlege, wem du mit diesen Dingen eine Freude machen könntest. Vielleicht den Nachbarkindern oder einer Freundin? Verschenke sie oder stelle sie zum kostenlosen Mitnehmen an die Straße. Nun bleiben nur noch die Dinge übrig, die dir ein Lächeln ins Gesicht zaubern oder einen echten Zweck haben. Gib nun jedem einzelnen Teil einen festen Platz. Mithilfe von kleinen Schachteln kannst du zum Beispiel deine Schubladen einteilen und so den Krimskrams nach Themen ordnen.

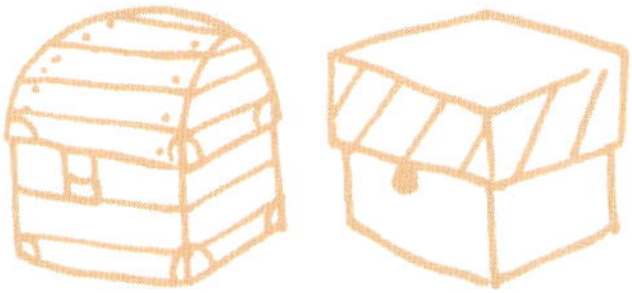

Erinnerungsstücke sortieren

Bei der Suche nach Kleinkram bist du bestimmt auch auf Exemplare der Kategorie »Erinnerungsstücke« gestoßen. Kinokarten, Flugtickets, Muscheln, Kühlschrankmagneten mit dem Kölner Dom. Viele dieser Dinge haben inzwischen bestimmt für dich ihre Bedeutung verloren, von ihnen kannst du dich getrost trennen. Diese Erinnerungen trägst du im Herzen. Behalte nur die wenigen Gegenstände, die dir wirklich wichtig sind, und stelle sie auf deinen Kraftaltar. Hier kannst du sie immer wieder ansehen, anstatt sie in einer Schublade zu vergessen.

Freundeskreis ausdünnen

Zu einer Zeit, in der es darum geht, möglichst viele Follower, Klicks und »Freunde« in den sozialen Netzwerken zu sammeln, hört sich der Vorschlag für dich wahrscheinlich befremdlich an. Versuche trotzdem, möglichst wenig Zeit in den sozialen Netzwerken zu verbringen und deine kostbare Lebenszeit lieber mit realen Menschen zu teilen. Doch auch hier gibt es immer wieder Menschen, die uns nicht guttun. Menschen, die dich negativ beeinflussen, meistens ohne dass sie es selbst merken oder es gar darauf anlegen. Mit ihnen zusammen reagierst du vielleicht anders als sonst und verstehst im Nachhinein manchmal gar nicht, warum du dich auf eine bestimmte Weise verhalten hast. Das kann die neidische Freundin sein, die uns mit ihren Lästerattacken ansteckt, oder die pessimistische, die uns die Freude an etwas nimmt. Natürlich darf man auch mal negative Gefühle haben und kann diese auch mit seiner Umgebung teilen. Dafür sind Freunde da. Aber Personen, die dir deine Energie – im wahrsten Sinne des Wortes – rauben, solltest du meiden. Umgib dich möglichst oft mit Menschen, in deren Gegenwart du dich pudelwohl fühlst. Auch wenn es manchmal schwerfällt: Es tut gut, sich von manchen Menschen zu trennen, egal, wie gern du sie vielleicht hast. Wenn du nach Verabredungen häufig ein komisches Gefühl hast oder immer wieder kurz davor bist, Treffen ohne richtigen Grund platzen zu lassen, solltest du dir überlegen, ob du deine Zeit wirklich mit diesen Menschen verbringen willst. Du kannst deinen Freundeskreis vielleicht nicht so einfach aufräumen wie deinen Kleiderschrank, aber es lohnt sich, hin und wieder zu hinterfragen, ob alle Menschen, die du zu deinem Freundeskreis zählst, wirklich dorthin gehören.

Love 4:
Liebe dich selbst

Hör auf, perfekt sein zu wollen. Oft setzen wir uns Maßstäbe, die verhindern, dass wir mit uns zufrieden sind. Wir lassen uns von bearbeiteten Fotos eine Wirklichkeit aufdrücken, die mit der Realität nichts zu tun hat. Sie ruft dir zu: Du kannst nur schön sein, wenn du genauso aussiehst, wie die Models und Stars. Aber das ist eine Lüge. Hör nicht auf sie. Schönheit ist nicht Perfektion, und selbst Perfektion liegt im Auge des Betrachters. Wahre Schönheit liegt in deiner Einzigartigkeit. Und einzigartig bist du nur mit all deinen Stärken und Schwächen. Laufe nicht einem Schönheitsideal nach, das nur in einer bearbeiteten Welt existiert.

> **Du bist du –
> und so, wie du bist,
> bist du großartig.**

Nimm dich so an, wie du bist, und erfreue dich an der Vielfalt, die uns die Natur gegeben hat. Nimm dich mit Staunen und Liebe wahr. Schluss mit dem Selbstoptimierungswahn. Mach Schluss mit negativen Überzeugungen und alten Denkstrukturen. Räume mit deinen Vorurteilen auf, den Ansprüchen nicht zu genügen, und entdecke dich täglich neu in deiner eigenen Schönheit. Die meisten Menschen versuchen, ihre Fehler und Schwächen zu verstecken, oder versuchen, jemand anderes zu sein, indem sie andere kopieren. Was für eine Verschwendung an

Zeit und Energie! Erkenne, dass alles an dir richtig ist, so, wie es ist. Du bist absolut in Ordnung. Denke an deine besten Freunde – du magst sie doch auch gerade deswegen, weil sie sind, wie sie sind, und nicht, weil sie besonders perfekt oder hübsch sind. Im Gegenteil: Perfektion wirkt bei näherer Betrachtung doch eher unsympathisch und weckt negative, neidische Gefühle. Akzeptiere dich, wie du bist. Erteile dir die Erlaubnis, du selbst sein zu dürfen und nach deinen Vorstellungen zu leben. Auch dein Körper ist etwas ganz Besonderes. Schenke ihm so viel Aufmerksamkeit und Liebe wie möglich. Schreibe unten auf, was du an deinem Körper liebst.

Beauty 1:
Honig-Kur für die Haare

Honig ist wie goldenes Glück, wenn er mit einem heißen Buttertoast zusammen auf der Zunge zergeht. Doch er hat noch andere Qualitäten: Honig wirkt antibakteriell und heilend. Bei Halsschmerzen kann ein Löffel Honig Wunder wirken, doch man kann ihn auch wunderbar äußerlich anwenden. Mit Eiweiß und Olivenöl lässt sich aus Honig ganz schnell eine nährende und feuchtigkeitsspendende Haarkur herstellen. Die Kur eignet sich besonders gut für kaputtes, gefärbtes oder trockenes Haar.

» DAS LEBEN ZEUGT BLUMEN UND BIENEN.
BLUMEN, DAS SIND DIE SCHÖPFERISCHEN GEISTER,
UND BIENEN DIE ANDEREN,
DIE DARAUS HONIG SAMMELN. «
CHRISTIAN MORGENSTERN,
DT. SCHRIFTSTELLER, 1871–1914

Du brauchst:

- 1 TL flüssigen Honig
- 1 Eiweiß
- 1 TL Olivenöl

Anleitung:

1 TL flüssigen Honig in eine Schale geben. Ein Ei trennen und das Eiweiß zu dem Honig dazu-geben. Gründlich verrühren. 1 TL Olivenöl dazugeben und kurz unterrühren. Die Creme direkt auf das frisch gewaschene und handtuchtrockene Haar geben und mit einem groben Kamm verteilen. Dann in das Haar und besonders in die Spitzen einmassieren. Jetzt brauchst du ein bisschen Geduld. Nach 30 Minuten kannst du die Haarkur mit lauwarmem Wasser auswaschen.

Achtsamkeit 3:
Deine tägliche Portion gute Laune

Versuche, diese Achtsamkeitsübung zu deinem täglichen Ritual zu machen. Richte deine Aufmerksamkeit auf vermeintlich banale Alltagsmomente. Schule dich in der Wahrnehmung von Kleinigkeiten, die dich lächeln lassen. Verborgene Glücksmomente lassen sich überall finden. Wenn du diese kleinen Glücksmomente, die du täglich erlebst, aufschreibst, wächst dein persönlicher Schatz an glücklichen Erinnerungen ganz schnell. Schreibe jeden Tag mindestens einen Glücksmoment dazu, den du gefunden hast. Je achtsamer wir uns auf die Suche nach diesen kleinen Augenblicken machen, in denen das Glück verborgen ist, desto besser werden wir in der Schatzsuche.

Schreibe hier die kleinen Glücksmomente auf,
die man sonst leicht übersehen kann.

FRÜHLING

Wenn die tristen Tage vorrübergehen, der Schnee schmilzt und die ersten Blumen aus der Erde brechen, kündigt sich eine neue Jahreszeit an. Der Frühling steht für Erneuerung, Veränderung und Wachstum. Jetzt ist die richtige Zeit, Pläne umzusetzen, Neues auszuprobieren und unnötigen Ballast abzuschütteln. Nach dem Vorbild der Natur kannst auch du frische Energien wachsen lassen. Du kannst deinen Körper durch gesunde Ernährung, erholsame Yogaübungen und inspirierende Meditationen bei der Entgiftung und Entspannung unterstützen. Außerdem kannst du dein Umfeld in diesen Frühlingsputz miteinbeziehen, indem du zum Beispiel dein Zimmer von nutzlosen Dingen befreist.

Die schönste Art und Weise, um dein Leben von Ballast zu befreien und es mit großartigen Inhalten zu füllen, ist ein liebevoller und achtsamer Umgang mit dem Augenblick. Lass dich durch nichts ablenken und konzentriere dich nur auf die Sache, die du gerade machst. Das hört sich ganz einfach an, aber wenn du es versuchst, wirst du schnell feststellen, dass ganz viele Gedanken gleichzeitig im Kopf gehört werden wollen. Im Yoga bezeichnet man diese Unruhe im Kopf gerne als Affengeschrei. Du kannst dir deine Gedanken als wilde Affenbande vorstellen: Die Affen springen von Ast zu Ast und schreien dabei alle gleichzeitig. Je stiller und aufmerksamer du wirst, desto lauter fangen die Affen an zu schreien. Mit Meditation, Atem- und Yogaübungen lassen sich die aufgeregten Störenfriede beruhigen, und du lernst, die Gedanken, wie Wolken einfach an dir vorbeiziehen zu lassen. Lass dich nicht entmutigen, wenn das nicht gleich klappt – wie alles andere braucht auch Meditation Übung und Zeit!

Gönne dir eine Entrümpelung deiner Seele, trenne dich von negativen Gefühlen, lass' deine angestaute Wut raus, schreie, Weine und vor allem: Lache. Verbanne die schlechte Winterlaune und geh raus in die Natur, um das echte Leben zu spüren und dir Erinnerungen zu schaffen, die dich dein Leben lang begleiten werden.

März

Ist dir schon aufgefallen, dass sich um dich herum gerade alles verändert? Wenn du jetzt aufmerksam durch deine Umgebung gehst, kannst du überall Spuren des aufkeimenden Lebens erkennen. Erste Schneeglöckchen und Krokusse stecken ihre Köpfe durch die Erde. An den Ästen bilden sich zarte, grüne Blätter. Die schönsten Frühlingsboten sind die Vögel, die aus ihren Winterquartieren zurückkehren und die Luft mit fröhlichem Gezwitscher erfüllen. Nutze diese Zeit des Neubeginns dazu, dich selbst neu zu erfinden. Nimm dir im Laufe des Tages einen Moment Zeit für dich und lenke deine Aufmerksamkeit auf die vielen kleinen Wunder, die dich umgeben. Das Glück steckt in den kleinen Dingen. Öffne deine Augen und packe mit beiden Händen dein Leben an. Es hat dir so viel zu bieten.

Achtsamkeit 4:
Frühlingserwachen

Nimm dir etwas Zeit und setze dich in den Garten oder Park. Schließe die Augen und atme bewusst ganz tief ein und langsam wieder aus. Versuche, den Duft des Frühlings zu riechen. Versuche, den Geräuschen die du wahrnimmst zuzuhören und zu orten, woher sie kommen. Lass deine Gedanken wie Wolken treiben. Wenn du Sorgen oder Probleme hast, die dich ängstigen, versuche im Geist, deine Gedanken liebevoll in eine Wolke einzuwickeln, und schicke sie mit den anderen Wolken am Himmel auf die Reise. Puste sie an, schaue ihnen nach und freue dich, dass sie immer kleiner werden.

DIY 1: Kresse züchten und dem Leben zusehen

Die Kraft des Lebens steckt in jedem noch so kleinen Samen. Du kannst diese Urkraft selber entfesseln und zusehen, wie sich aus dem scheinbar leblosen Samenkorn eine Pflanze entwickelt. Hole dir deinen eigenen Minigarten in die Küche und schaue den Pflanzen beim Wachsen zu. Am einfachsten geht das mit Kresse.

Du brauchst dazu:

Eierschalen, Wattepads, Kressesamen, zum Beispiel aus dem Supermarkt, und Eierbecher oder Eierkartons.

1. Die leeren Eierschalen 10 Minuten auskochen und dann trocknen lassen.

2. Mit einem Lackstift ein lustiges Gesicht auf die Schale malen oder sie mit Mustern und Farben verzieren.

3. Die Wattepads leicht anfeuchten, jeweils eins in eine Eierschale legen und mit einigen Samen bestreuen.

4. Die Schalen kannst du nun in einen Eierbecher stellen oder in einen bemalten oder beklebten Eierkarton legen.

....

Dann heißt es: warten, gießen und beobachten. Halte die Watte stets feucht, dann sprießen schon nach zwei bis drei Tagen die grünen Keime. Du kannst deine kleinen Kunstwerke mit auf den Frühstückstisch stellen und dann mit einer kleinen Schere abschneiden und aufs Brot oder Frühstücksei legen.

Yoga 5:
Kapalabhati oder »Feueratem«

Die folgende Übung stammt aus dem Yoga. Sie wird auf Sanskrit, die »Sprache der Yogis«, Kapalabhati genannt, bei uns wird sie meist als Feueratem bezeichnet. Der Feueratem ist ein Reinigungsatem. Er versorgt den Körper mit neuer Energie und Kraft. Gerade im März eignet er sich sehr gut dazu, die Frühjahrsmüdigkeit abzuschütteln und deinen Körper zu entgiften. Du kannst den Feueratem so oft anwenden, wie du magst. Besonders viel Kraft gibt er dir vor einer wichtigen Klassenarbeit oder einem sportlichen Wettkampf, morgens versorgt er dich mit viel Energie für den ganzen Tag.

So geht's — Prinzessinnenstellung:

Setze dich bequem hin und achte darauf, dass dich deine Kleidung nirgendwo einengt. Du kannst dich zum Beispiel gleich nach dem Aufwachen im Schlafanzug im Schneidersitz auf dein Bett oder den Boden setzen. Versuche, dich so gerade wie möglich hinzusetzen und richte den Rücken auf. Strecke deinen Kopf in den Himmel und stell dir vor, dass du eine Krone trägst, die hinunterfällt, wenn du den Kopf nicht gerade hältst. Hebe deine Schultern bis zu den Ohren und lasse sie dann leicht nach hinten fallen. Dann ziehe sie leicht, ohne zu verspannen, zueinander. Dadurch öffnest du den Bauch und Brustraum und kannst freier atmen. Diese Haltung bezeichnen wir als Prinzessinnenstellung. Nimm diese Haltung immer ein, wenn du im Schneidersitz meditierst oder achtsam atmest.

Sitzt du gut?
Dann kann's losgehen.

1. Du atmest tief durch die Nase ein und aus. Beim Einatmen darf sich dein Bauch weit vorwölben. Keine Eitelkeit, dich sieht ja keiner. Beim Ausatmen ziehst du deinen Bauchnabel zur Wirbelsäule und lässt die Luft ganz ausströmen. Nimm einige tiefe Atemzüge und achte dabei darauf wie sich der Atem seinen Weg in deinen Körper sucht. Nun kannst du mit dem Feueratem beginnen.

2. Atme die Luft kraftvoll durch die Nase aus. Stell dir vor, dass du deine Geburtstagskerzen mit nur einem Mal auspusten willst. Dann lass die Luft durch die Nase automatisch wieder einströmen. Deine Bauchdecke springt dabei wie ein Blasebalg rein und raus, und du bekommst eine ganz warme Körpermitte. Hier sitzt dein Energiezentrum. Deine Batterie. Durch die energetisierende Atmung lädst du sie wieder auf und kannst dann aus dieser Kraft schöpfen. Konzentriere dich nur auf die Ausatmung, das Einatmen übernimmt dein Körper automatisch für dich. Versuche, pro Runde Kapalabhati etwa 40 Mal kräftig auszuatmen.

Tipp:

Es kann sein, dass dir bei dieser kraftvollen Übung etwas schwindelig wird, das gibt sich mit der Zeit, wenn du etwas mehr Routine hast. Wenn dir schwindelig wird, atme einfach ein paar Züge normal ein und aus und beginne dann wieder mit dem Feueratem.

3. Atme zum Schluss der Übung noch einmal kräftig aus und ein und halte die Luft dann einen Moment an, solange es dir angenehm ist. Stell dir dabei vor, dass die Energie aus deiner prall gefüllten Batterie nun entlang der Wirbelsäule hinaufsteigt und dich mit frischer Kraft flutet.

Lass den angehaltenen Atem entspannt aus dir fließen, atme einige Male so, wie dein Körper es will, und beobachte, ob sich deine Atemtiefe verändert hat. Beginne von vorne und atme insgesamt drei Runden Kapalabhati.

Beauty 2:
Lippenpeeling

Gerade nach den Wintermonaten sind die Lippen oft rissig und spröde. Mit diesem leckeren Peeling kannst du abgestorbene Hautschüppchen sanft beseitigen, die Durchblutung fördern und deine Lippen dabei pflegen.

Du brauchst:

3 Teelöffel Kokosnussöl   2 Teelöffel braunen Zucker   2 Teelöffel Honig

Die Zutaten in einer kleinen Schüssel vermischen, mit dem Finger eine kleine Portion auf die Lippen auftragen, leicht einmassieren und ein paar Momente einziehen lassen. Den Rest kannst du abwischen oder ablecken. Den Rest kannst du abgedeckt einige Tage im Kühlschrank aufbewahren und erneut verwenden. Du kannst das Peeling aber auch für deine Hände und Füße verwenden. Einmassieren, kurz einziehen lassen und mit warmem Wasser abspülen, dann wird die Haut wunderbar zart. So ein Peeling macht besonders zu zweit viel Spaß. Mach' doch mal mit deiner besten Freundin einen gemeinsamen Beauty-Nachmittag!

> »Es gibt keine bessere Kosmetikerin in Sachen Schönheit als die gute Laune.«
> Marguerite Gardiner, irische Schriftstellerin, 1789–1849

Love 5: Sei deine eigene beste Freundin

Schließe eine lebenslange Freundschaft mit deinem eigenen Ich. Den ganzen Tag kritisieren wir uns, finden uns zu dick, doof oder hässlich. Dass das Quatsch ist, wissen wir meistens, doch manchmal hilft das Wissen allein nicht, sondern wir müssen uns sagen und aufschreiben, was wir an uns mögen, um es wirklich anzunehmen und zu glauben.

Behandele dich so, wie du deine beste Freundin behandelst. Du bist großartig, so wie du bist. Großartig in deinen Schwächen und Fehlern. Perfektion ist so langweilig. Sei so, wie du bist und die anderen werden dich dafür respektieren und lieben.

Schreibe hier auf, was du richtig gut an dir findest. Und vergiss das Wort: aber.

» Sei du selbst. Alle anderen
gibt es schon. «
Oscar Wilde, irischer Schriftsteller, 1854 – 1900

Home 2:
Deine Kleider aufräumen

In vielen Kulturen ist der Frühlingsputz traditionell fest verankert. Das Saubermachen nach der dunklen Jahreszeit hat durchaus seinen Sinn. Der Frühling ist die Zeit, um Platz zu schaffen, frischen Luft in die Räume zu lassen, aufzuräumen und auszusortieren. Aufräumen befreit ungemein, und schon ein paar Minuten täglich reichen, damit du dich richtig gut fühlst. Dein Zimmer ist deine persönliche Wohlfühloase. Dein Reich, in dem du lebst und schläfst. Der Bereich, in dem dir niemand Vorschriften macht. Aber wenn du den Weg zu deinem Bett nur noch mit der Schaufel findest oder die Brotdosen unterm Bett schimmeln, ist es höchste Zeit für ein SOS-Programm. Damit das Aufräumen nicht nervt oder lästig wird, hilft es, wenn du dir einzelne Aspekte vornimmst. Arbeite dich Schritt für Schritt durch dein Zimmer. Beginne in dieser Reihenfolge: Kleider, Bücher, Papiere, Kleinkram, Erinnerungsstücke.

Von Kleidern trennt man sich am leichtesten, dann wird es immer emotionaler und schwieriger. Nimm dir Zeit, um zu entscheiden, was du noch brauchst oder eben auch nicht. Im Laufe des Buches werden wir dir deshalb immer wieder kleine Aufgaben stellen, die dir dabei helfen, den Überblick zu behalten. Natürlich darfst du auch gleich das volle Programm abarbeiten, dafür blättere einfach durch das Buch zu den Rubriken »Home«. Je mehr Ballast du abwirfst, desto befreiter wirst du dich fühlen, und dein Zimmer fühlt sich frisch, gemütlich und einladend an.

»In einem aufgeräumten Zimmer ist auch die Seele aufgeräumt.«
Ernst Maria Johann Karl Freiherr von Feuchtersleben, 1806 – 1849

Dein Kleiderschrank

Miste deinen Kleiderschrank alle paar Monate aus. Die alten Klamotten, die du nicht mehr trägst, müllen deinen Schrank nur zu und zerdrücken deine neuen Lieblingsteile. Hier gilt: keine halben Sachen. Im Kleiderschrank verstecken sich viele Miesepeter, die dir schlechte Laune machen und vorwurfsvoll rufen: »Warum ziehst du mich nicht mehr an?«. Schmeiß' diese Klamotten bloß schnell raus und kreiere mit deinen Lieblingskleidungsstücken einen Look, der deine Persönlichkeit unterstreicht und in dem du dich wohlfühlst.

So geht's:

1. Schmeiß' alle Sachen aus dem Schrank, inkl. Socken, Tüchern, Taschen und T-Shirts, und lege den Stapel auf das Bett.

2. Nimm jedes Teil einzeln in die Hand. Frag dich, ob es dir ein Lächeln auf die Lippen zaubert und dich glücklich macht. Nur, wenn die Antwort ja lautet, darf das Teil wieder in den Schrank, ansonsten fliegt es raus. Stell dir am besten gleich eine Tüte bereit und verstaue die ausgemusterten Sachen darin. Du hast mehrere blaue Jeans, ziehst aber immer nur die an, die am besten sitzt? Dann ist es höchste Zeit, die anderen zu entsorgen.

3. Dann probiere jedes Teil, das du behalten willst an. Passt die coole Jeans vom letzten Jahr überhaupt noch?

4. Teile deine Kleidung in Kategorien ein, wie T-Shirts, Tops, Stoffhosen etc. und gib jedem Teil einen festen Platz, auf den er nach dem Benutzen wieder zurückgebracht wird.

5. Lege deine Kleidung ordentlich wieder in den Schrank zurück. Verabschiede dich von unordentlichen Stapeln. Viel praktischer ist eine Falttechnik, bei der du die Pullis und Sweatshirts ordentlich zusammenlegst und dann in der Mitte einmal knickst. Dann legst du die gefalteten Teile wie Bücher nebeneinander ins Regal. So siehst du auf einen Blick, was du suchst, und zerwühlst beim Herausnehmen nicht die neue Ordnung. Dünne T-Shirts kannst du auf die gleiche Weise knicken und, wenn möglich, in eine Schublade legen. So hast du beim Aufziehen der Lade den vollen Überblick über alle Shirts und kannst mit einem Griff dein Lieblings-shirt herausziehen.

Kreativ 1:

Fülle deinen Schrank

Jetzt hast du einen tollen aufgeräumten Kleiderschrank und weißt genau, welche Klamotten du besitzt. Wetten, dass beim Aufräumen welche aufgetaucht sind, an die du schon längst nicht mehr gedacht hast?

Fülle den Schrank mit tollen neuen Outfit-Kombinationen, in denen du dich wohlfühlst.

Soulfood 2:
Schoko-Shake

Liebe geht durch den Magen und kann dich ganz schnell glücklich machen. Mit diesem leckeren Schokoladen-Milchshake verwöhnst du deinen Gaumen und deinen Körper. Denn auch wenn dieser Shake wie eine ungesunde Süßigkeit schmeckt, steckt er randvoll mit gesunden Zutaten und schmeckt nicht nur zum Frühstück.

Du brauchst:

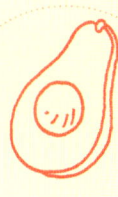

½ Avocado

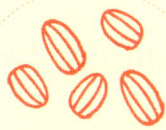

1 reife,
gelbe Banane

Ein Glas (300 ml)
Milch / Mandelmilch oder
Hafermilch – ganz nach
Geschmack

5 getrocknete Datteln,
ohne Kern

2 TL
Rohkakaopulver

Anleitung:

Alle Zutaten mixen, bis es schön cremig ist. Zum Verfeinern
kannst du in den Mixer auch ein paar Pfefferminzblätter oder
getrocknete Kokosnussstückchen geben.

April

Die Kraft des Lebens lässt alles um dich herum blühen und wachsen. Die Vögel begrüßen mit ihrem fröhlichen Gezwitscher den Morgen und wärmen sich in den ersten freundlichen Sonnenstrahlen des Tages. Erste Frühlingsblumen öffnen ihre Köpfchen und wiegen sich in einer leichten Brise.

Lasse auch in dir die Kreativität wachsen und male in die Blumenwiese die Blumen und Tiere, die du beim Spazierengehen oder im Garten gesehen hast. Mit der Zeit kommen so immer neue Blumen und Tiere dazu, und deine Wiese gleicht am Ende des Monats einem Blumenmeer.

Glück 3:
Die Glücksliste

Wie fühlt sich Glück für dich an? Riecht es nach Schokolade, ist es sonnengelb oder samtweich? Glück findest du in Erinnerungen, in Gerüchen, in einem Lied, das du mit einer besonderen Situation verknüpfst. Glück ist das zufriedene Schnurren einer Katze und der Duft einer Frühlingswiese. Der Geruch des feuchten Grases nach einem Gewitter und die Gemütlichkeit, zusammen auf dem Sofa zu liegen. Das Glück wohnt in den kleinen Dingen, die uns umgeben, im Alltag und vor allem im Augenblick. Mit achtsamem Blick findest du überall um dich herum glückliche Momente.

Jeder hat seine persönliche Glücksliste. Schreibe hier jeden noch so kleinen Moment deines Glücks auf und lasse auch deine Freunde und Familienmitglieder aufschreiben, was ihr Herz berührt. Du wirst dich wundern, was sich bald alles auf deiner Glücksliste tummeln wird. Und vielleicht kannst du, wenn du weißt, was andere glücklich macht, dann ja auch selbst Glücksmomente verschenken.

Glück 4:
Positive Bestätigung

Guten Morgen, liebe Welt da draußen! Stelle dir deinen Wecker heute ein paar Minuten früher, damit du noch einen kurzen Augenblick liegen bleiben und dich auf den neuen Tag vorbereiten kannst, der vor dir liegt. Der Morgen ist voller Magie. Deine Gedanken hängen vielleicht den Traumbildern nach, die du noch spürst, doch dein Geist ist in dieser Zeit der Morgenröte besonders wach und aufnahmebereit. Zeit für ein paar gute Wünsche für den Tag!

Beginne den Morgen mit einem angenehmen Gedanken. Wecke dich selber mit positiven Worten, indem du dir einen schönen Satz mit dem Handy aufnimmst und als Wecker verwendest. Diese positiven Sätze, die deinen Tag wie ein magischer Zauberspruch verzaubern können, nennt man Affirmationen. Es sind positive, kurze Glaubenssätze, mit denen du unbewusst dein Denken und Handeln verbessern kannst. Wähle dir einen Glaubenssatz aus, der zu deiner augenblicklichen Situation passt und sprich den Satz mehrmals hintereinander laut aus. Vermeide negative Gedanken und Selbstzweifel, sondern lasse die positiven Sätze ihre Kraft entfalten. Durch die ständige Wiederholung setzt sich der positive Satz in deinem Unterbewusstsein fest. Nach und nach wird er für dein Unterbewusstsein zu einer gefühlten Wahrheit, und du beginnst, dementsprechend zu handeln. Eine Affirmation besteht immer aus einem positiven Gedanken. Vermeide bei der Formulierung negative Wörter, bleibe stets positiv. Wenn du dich im Laufe des Tages immer wieder an die Affirmation erinnern möchtest, klebe dir kleine Zettel an den Spiegel oder fotografiere deinen Satz und benutze das Foto als Hintergrund auf deinem Handy. Suche dir hier einen Satz aus, der zu dir passt oder formuliere eigene Sätze und schreibe sie dazu.

Ich bin jeder Herausforderung gewachsen.

Dieser Moment ist die Zeit, in der ich lebe. Ich erlaube mir, sie zu genießen.

Ich atme tief ein und aus und erlaube mir, mich zu entspannen. Mein Körper und Geist ist ruhig und gelassen.

Ich erschaffe täglich mein Leben neu.

Ich vertraue darauf, dass ich für alle Herausforderungen, die heute auf mich zu kommen eine Lösung finde.

Ich werde geliebt, und ich gebe diese Liebe zurück.

Ich kenne meine Träume, und bin auf dem richtigen Weg, sie zu erfüllen.

Ich bestehe den Vokabeltest und kann mein Wissen zeigen.

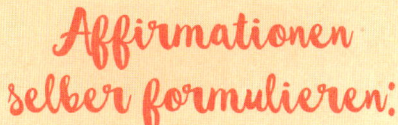

Affirmationen selber formulieren:

◉ Schreibe die Sätze in der »Ich«-Perspektive.

◉ Setze deinen Wunsch in die Gegenwart,
so als wäre er schon erfüllt.

◉ Verwende positive, liebevolle Wörter.

◉ Verzichte auf Druckwörter wie
ICH WILL, ICH MUSS, ICH SOLL.

◉ Formuliere den Satz kurz, klar und eindeutig.

Home 3:
Deinen Papierkram aufräumen

Dein Kleiderschrank ist nun aufgeräumt, und du genießt jeden Tag erneut die neue Ordnung. Jetzt ist es Zeit, sich dem nächsten Unordnungsmonster zu stellen: Bücher, Zeitschriften, alte Schulhefte und lose Zettel.

Du liebst es, lange, romantische Spaziergänge durch die gefüllten Regale der Buchhandlung zu machen und mit einem neu entdeckten Schatz nach Hause zu kommen? Dann kennst du auch das Problem, dass dein Bücherregal bald zusammenbricht. Oder du gehörst zu den Nichtlesern, bei denen sich trotzdem Bücher in Form von unliebsamen Geschenken der Verwandtschaft im Regal tummeln? Bei fast jedem findet sich im Zimmer eine Kiste, eine Schublade oder gar ein ganzer Schrank voller Sachen: Zeitschriften, die man noch nicht ganz gelesen hat, alte Schulhefte, die man vielleicht noch mal braucht, Bilder die noch nicht vollendet sind, die Gebrauchsanweisung vom neuen Fön, die Postkarte aus New York von der besten Freundin. Kommt dir bekannt vor? Dann wird es ist höchste Zeit, Ordnung ins Regal zu bringen. Fange mit den Büchern an. Nimm jedes in die Hand und überlege dir, ob du es behalten magst. Sammel' alle Bücher, die du behalten willst, an einem Ort und sortiere sie, z. B. nach Farben. Die Bücher, die du nicht mehr brauchst, packst du in eine Kiste. Nimm eine alte Holzkiste und stelle sie vor eurem Haus an einem wettergeschützten Platz oder im Hausflur auf und schreibe auf ein Schild: »Zum Tauschen«. Du wirst dich wundern, welche Schätze mit der Zeit in deine Tauschkiste wandern!

Nun nimmst du dir den Stapel Zeitschriften, Schulhefte, lose Blätter usw. vor. Stell dir am besten gleich einen Abfalleimer bereit und füttere ihn reichlich. Behalte nur das, was du unbedingt brauchst oder nicht wegwerfen willst. Jetzt hat sich dein Regal bestimmt schon sehr gelichtet, und du wirst fest-stellen, dass das, was deine Reinigungsaktion überlebt hat, nun viel besser zur Geltung kommt. Du hast dich von allem getrennt, was dir nichts bedeutet. Alles, was du nun siehst, erfreut dich und zaubert dir ein Lächeln auf die Lippen. Wie durch eine besondere Magie wirken nun alle Dinge, die du siehst, wertvoll und erzählen deine Geschichte, sind Ausdruck deiner Persönlichkeit.

Kreativ 2:

Bücher, die ich mag:

» Eines Tages musst Du aufhören, die Bücher anderer Menschen zu lesen, um Dein eigenes Buch zu schreiben. «

ALBERT EINSTEIN, PHYSIKER, 1879–1955

Bücher, die ich schreiben möchte:

Beauty 3:
Lip-Balm

Mit diesem leckeren Lippenbalsam aus natürlichen Zutaten machst du deine Lippen ganz schnell superweich und geschmeidig. Du kannst den Balm im Anschluss an das Lippenpeeling auftragen oder einfach so zwischendurch. Er eignet sich auch perfekt als kleines Geschenk. Die Zutaten kannst du in einer Apotheke oder dem Biomarkt kaufen. Da du für den Balm nur sehr geringe Mengen brauchst, lohnt es sich, gleich die drei- oder vierfache Menge zu machen und die Lippenpflege mit deinen Freundinnen zusammen herzustellen und dann zu teilen.

Du brauchst:

- 8 g Kokosöl
- 6 g Sheabutter (unraffiniert)
- 4 g Bienen- oder Jojobawachs
- ein kleines Gefäß mit Schraubdeckel

Anleitung:

Nimm einen kleinen Kochtopf und fülle ihn mit Wasser. In den Topf mit Wasser stellst du ein weiteres Gefäß, in das du sämtliche Zutaten gibst. Erhitze die Masse vorsichtig, bis sie vollständig geschmolzen ist. Achtung, die Masse darf nicht zu heiß werden und auf keinen Fall anfangen zu kochen! Wenn alle Zutaten geschmolzen sind, nimmst du den Topf vom Herd und lässt die Masse unter ständigem Rühren abkühlen, bis sie etwa handwarm ist. Dann in ein sauberes, kleines Gefäß abfüllen und mit offenem Deckel vollständig abkühlen lassen. Der Balm ist etwa 6 Monate haltbar. Klebe am besten einen kleinen Aufkleber mit dem Herstellungsdatum unter das Döschen.

Yoga 6:
Body-Scan

Keine Angst, du musst dich dafür nicht in die Röhre legen und medizinisch untersuchen lassen. Nein, im Gegenteil, diese Übung zur bewussten Körperwahrnehmung hilft dir, deinen ganzen Körper zu entspannen. Der Trick dabei ist, deinen Geist die ganze Zeit zu beschäftigen, sodass die Affen im Kopf, die rumtoben wollen, gar keine Zeit dazu haben. Auf diese Weise entspannst du deine Muskulatur und deinen Geist. Es geht darum, sich eine Zeit ganz ohne Aufgabe und Pflichten zu schenken. Nimm dir für diese Übung etwa 20–30 Minuten Zeit, z. B. nach dem Mittagessen. Versuche, während der Einheit wach zu bleiben und nicht einzuschlafen. Danach kannst du dann wieder energievoll den Tag genießen.

Extra-Tipp:

Natürlich kannst du diese Entspannungsübung auch vor dem Schlafengehen, im Bett liegend, durchführen und danach sanft in den Schlaf abdriften. Das ist besonders sinnvoll, wenn du einen anstrengenden Tag voller Eindrücke hattest und nicht zur Ruhe kommst oder wenn du vor den Herausforderungen des nächsten Tages Angst hast und nicht in den Schlaf findest.

Dann hilft es, bei der achtsamen Wanderung durch deinen Körper den einzelnen Abschnitten zu sagen, dass sie schwer und müde werden. Du kannst dir die folgende Anleitung auch langsam vorlesen lassen oder selber vorlesen, aufnehmen und abspielen. Es kommt nicht auf den genauen Wortlaut oder die Reihenfolge an. Wichtig ist nur, mit den Gedanken von Körperteil zu Körperteil zu wandern und jedem Teil von dir zu erlauben, loszulassen.

Anleitung:

Lege dich auf dem Rücken bequem auf eine flache Unterlage, wie z. B. eine Yogamatte. Deine Füße fallen sanft zur Seite, und deine Arme liegen bequem neben deinem Körper mit den Handrücken auf der Matte. Decke dich am besten mit einer leichten Decke zu.

Beobachte deinen Atem, ohne ihn bewusst zu lenken. Spüre, wie sich deine Bauchdecke sanft senkt und hebt. Lausche auf die Geräusche der Umgebung und schiebe sie dann zur Seite, sie sind nicht wichtig. Beginne, mit deiner Aufmerksam von Körperteil zu Körperteil zu wandern. Wenn du merkst, dass du abschweifst und sich Gedanken einschleichen, versuche, dich wieder auf ein Körperteil zu konzentrieren. Ärgere dich nicht, sondern schiebe die unliebsamen Gedanken einfach wie eine Wolke fort.

1.

Spüre deinem Atem nach und fühle, wie dein Köper tiefer in die Matte einsinkt.

2.

Beginne mit deinem Kopf und spüre sein Gewicht, das du jetzt an den Boden abgibst. Vertraue darauf, dass der Boden dich sicher trägt und du deinen Kopf sicher loslassen kannst.

3.

Stelle dir vor, dass jemand zärtlich deine Stirn glatt streicht.

4.

Atme ruhig ein und aus, denke beim Einatmen »lass« und beim Ausatmen »los«.

6.

Lenke deine Aufmerksam-
keit dann zu deinem Nacken.
Spüre die Muskeln und lasse
sie beim Ausatmen ganz
bewusst los.

5.

Lass deine Aufmerksamkeit
jetzt wandern und konzentriere
dich nacheinander auf deine
Augen, Nase, Wangen, deinen
Mund, die Zunge, deine Ohren
und dein Kinn.

7.

Wandere nun zu
deinen Schultern.
Spüre, wie sie auf
der Matte liegen.

8.

Wandere nun mit deiner Aufmerksamkeit
deinen rechten Arm hinunter. Spüre deinen
Oberarm, Ellenbogen, Handgelenk, Handwurzel,
Daumen, Zeigefinger, Mittelfinger, Ringfinger,
kleiner Finger. Spüre deine ganze Hand und
wandere dann wieder mit deiner Aufmerksamkeit zurück zur Schulter.

9.

Wandere nun über den
linken Arm und zurück.

10.

Betrachte das sanfte Heben und Senken deines Brustkorbs. Spüre dein Herz, das sich nun frei entfalten darf. Spüre deinem Atem nach, spüre, wie er auch in deine Seiten fliest.

11.

Spüre die Fläche, auf der dein unterer Rücken aufliegt. Lasse deine Konzentration über den Bauch zum Becken, der Hüfte, dem Kreuzbein und den Sitzbeinhöckern wandern.

12.

Wandere mit deiner Aufmerksamkeit über die Unterseite deiner Oberschenkel, spüre ihr Gewicht auf der Matte. Erlaube deinen Muskeln, alle Anspannung loszulassen. Sie müssen nichts leisten, brauchen nichts tun. Wandere dein rechtes Bein entlang. Nimm deinen Atem mit in dein Knie, in Unterschenkel, Sprunggelenke, Ferse, Fußballen und Zehen und wandere über den Spann zurück zu deiner Hüfte.

13.

Nimm nun deinen Atem und deine Konzentration mit auf die Reise über die Seite des linken Beines.

14.

Wandere mit deiner Aufmerksamkeit noch einmal zurück in deinen unteren Bauch, lege deine Hände auf die Bauchdecke und spüre, wie sie sich mit jedem Atemzug heben und senken. Stelle dir vor, dein Atem ist ein warmes, gelbes Licht. Mit jeder Einatmung flutet diese warme Energie deinen Körper und versorgt ihn mit Energie, Gesundheit und Kraft.

15.

Genieße diesen Moment noch einen
Augenblick und fange dann langsam an, kleine
Bewegungen mit den Fingern zu machen. Werde
mit deinen Bewegungen immer größer. Strecke deine
Arme über den Kopf. Ziehe dich richtig lang und roll
dich dann wie ein kleines Päckchen zusammen
und komm mit Schwung wieder zum Sitzen. Spüre
noch einen Moment deinen Gedanken und Gefühlen
nach. Dein Körper ist nun tiefen-
entspannt und ausgeruht.

Mai

Jeden Tag entdeckst du neue Blumen und Tiere in deiner Umgebung. Die Gerüche, die Geräusche verändern sich. Die Sonne gewinnt jetzt an Kraft, und du kannst schon das erste Sonnenbad genießen. Und natürlich auch einen langen, ergiebigen Regenschauer. Nach einem kleinen Unwetter, mit schwarzen Gewitterwolken und Donner, ist die Welt wie verwandelt. Weggewaschen sind die Pollen und der Staub der Trockenheit. Alles erstrahlt in satten Grüntönen.

» ES IST BESSER, EIN JUNGER MAIKÄFER
ZU SEIN ALS EIN ALTER PARADIESVOGEL. «
MARK TWAIN, AMERIKANISCHER SCHRIFTSTELLER, 1835–1910

Wenn du jetzt spazieren gehst, erlebst du eine magische Welt. Regenwürmer kreuzen deinen Weg. Die Vögel zwitschern und schütteln die Regentropfen ab. Vielleicht hast du sogar das Glück, einen Feuersalamander im Wald zu entdecken. So, wie es in der Natur Sonne und Regen gibt, bringt jeder Tag ständig neue Herausforderungen hervor. Du erlebst Freude und Enttäuschung, Glück und Wut. All diese positiven und negativen Elemente verbinden sich zu einem Gesamtkunstwerk. Nach Regen kommt Sonnenschein, und auf eine Phase, in der du glaubst, dass alles schiefgeht und du nur noch Pech hast, folgt eine unbeschwerte Zeit, in der sich plötzlich alle Widerstände in Luft auflösen. Glaube fest daran, dass das Leben es gut mit dir meint und dir dabei hilft, Hindernisse aus dem Weg zu räumen.

Gehe deinen Alltag mutig an und kröne ihn mit Erfolg. Das ist das Spiel des Lebens. Du hast zwar nur wenige Möglichkeiten, das Spiel zu beeinflussen, aber ob du glücklich durch dein Leben gehst oder nicht, liegt in dir, in deinem Denken und Handeln.

Suche nicht das zufällige Glück von außen, den Lottogewinn oder das Glückslos. Suche nicht den Traumprinzen oder protzigen Luxus. Glück liegt allein in dir verborgen. Befreie es. Und nimm Hindernisse als Aufgaben an, die dich wachsen lassen. Die folgenden Glückssätze sind wie kleine Samenkörner, die in dir aufgehen und dich glücklich machen können. Schreibe dir deine Glückssätze überallhin, wo du sie oft sehen kannst, und mit der Zeit wirst du erkennen, welche Kraft in dir liegt, dir selber Glück zu bringen. Schaue dir die Sätze an, wenn es dir schlecht geht und schöpfe Hoffnung aus ihnen. In die freien Zeilen darfst du natürlich auch eigene Glückserkenntnisse schreiben- oder frage deine Freunde, ob sie ein Feld füllen mögen.

Glück 5:
Glückswand

SCHENKE DIR
TÄGLICH ZEIT
NUR FÜR DICH

Tue nur das,
was für dich
das Beste ist.

Die Liebe,
die du schenk
möchtest, begi
bei dir.

» DAS GLÜCK WOHNT NICHT IM BESITZ
UND NICHT IM GOLD,
DAS GLÜCK WOHNT IN DER SEELE. «
DEMOKRIT, GRIECHISCHER PHILOSOPH,
CA. 460–371 V. CHR.

Stell dich morgens
vor den Spiegel und
mache dir fünf
Komplimente.

DU BIST DU –
VERGLEICHE DICH NICHT
MIT ANDEREN.

Verzeihe denen, die dich geärgert haben. Oft reicht ein klärendes Wort, um Missverständnisse aufzulösen.

Akzeptiere Dinge, die du nicht ändern kannst, und ändere Dinge, die du nicht akzeptieren kannst.

LASSE FEHLER DER VERGANGENHEIT HINTER DIR. DU BIST AUF DEM RICHTIGEN WEG.

VERSÄUME NICHT DAS KLEINE GLÜCK, INDEM DU AUF DAS GROßE WARTEST.

GENIEßE DIESEN MOMENT, DENN DER MOMENT IST DEIN LEBEN.

DU BIST ROßARTIG, VERGISS DAS NIE.

ERLEBE TÄGLICH EIN KLEINES ABENTEUER.

Nimm deine eigenen Gefühle genauso ernst, wie die der anderen.

PROBIERE
TÄGLICH
ETWAS
NEUES AUS.

LASS MENSCHEN
ZIEHEN,
DIE DIR
NICHT GUTTUN.

ERLEDIGE
JEDEN TAG
EINE
LÄSTIGE SACHE.

Überlege dir nach
dem Aufwachen
einen positiven Glaubens-
satz, der dich durch
den Tag bringt.

PUSTE
SEIFENBLASEN.

»ES GIBT KEINEN WEG ZUM GLÜCK,
GLÜCKLICH SEIN IST DER WEG.«
BUDDHA, CA. 400 V. CHR.

112

Zähle vor dem Schlafengehen drei Dinge auf, für die du dankbar bist.

Liebe dich von ganzem Herzen und verzeihe dir deine Schwächen.

VERABREDE DICH MIT MENSCHEN, DIE DICH ZUM LACHEN BRINGEN.

Sage deinem Lieblingsmenschen, dass du ihn magst.

Mut 1: Nutze die Herausforderungen

Sei mutig. Jede einzelne Entscheidung hat die Macht, dein Leben und deine Sichtweise zu ändern. Jede Herausforderung, die du meisterst, lässt dich wachsen. Bestimmt hast du auch schon in Situationen gesteckt, von denen du anfangs dachtest, dass du es nie schaffen würdest, sie zu lösen. Das kann eine schwierige Klassenarbeit gewesen sein, eine neue Höhe beim Hochsprung oder die Aufgabe, allein das Loch in deinem Fahrradreifen zu flicken. Jede dieser Herausforderungen, so schwierig sie auch sein mögen, macht dich zu einem erfahreneren Menschen. Sei stolz auf jedes einzelne Hindernis, das du mutig übersprungen hast, statt ihm aus dem Weg zu gehen. Baue dir aus den Herausforderungen eine Treppe und schreite stolz wie eine Prinzessin jede einzelne Stufe hinauf. Schreibe die Hindernisse, die du aus dem Weg geräumt hast, auf und lasse die Treppe wachsen.

» MUT STEHT AM ANFANG DES HANDELNS. GLÜCK AM ENDE. «
DEMOKRIT, GRIECHISCHER PHILOSOPH, CA. 460 – 371 V. CHR.

Yoga 7:
Vrikshasana oder »Der Baum«

Hast du dir schon mal die Zeit genommen, einen Baum vom unteren Ende des Stamms bis hinauf in die Krone zu betrachten? Bäume sind groß, kraftvoll und fest verwurzelt. Sie halten dem Wind stand und spenden ihrer Umgebung Schatten. Sie vermitteln ein tiefes Gefühl der inneren Ruhe und des Friedens. Die Yogaübung Vrikshasana, »Der Baum«, schenkt dir diese innere Ruhe und Kraft. Es ist eine erdende Position, die sich beruhigend auf Körper und Geist auswirkt.

Bei dieser Übung trainierst du dein Gleichgewicht, deine Waden und Knöchel. Sie streckt die Wirbelsäule und regt das Gehirn an. Durch das Fokussieren deiner Aufmerksamkeit auf die Übung haben die kleinen Affen in deinem Geist eine Aufgabe und beruhigen sich.

Anleitung:

1. Stelle dich aufrecht hin und lasse deine Arme locker neben dem Körper hängen.

2. Beide Füße stehen fest auf dem Boden, dein Blick ist auf einen festen Punkt auf deiner Augenhöhe gerichtet.

3. Nimm deine Hände vor die Brust und lege sie gegeneinander, sodass deine Daumen dein Brustbein berühren. Atme ein paar tiefe Züge und genieße das Gefühl, fest mit dem Boden verankert zu sein.

4. Verlagere dein Gewicht nun auf deinen rechten Fuß. Stell dir vor, dass Wurzeln aus deinem Fuß in den Boden wachsen und ihn fest verankern.

5. Löse nun deinen linken Fuß vom Boden und winkele ihn an, sodass dein Fuß sich gegen die Innenseite des Ober- oder Unterschenkels des rechten Beines stützt. Du kannst auch gerne eine Hand lösen und deinen Fuß an die Position legen, die sich für dich gut anfühlt – pass jedoch auf, dass dein Fuß auf keinen Fall auf deinem Knie landet!

Es spielt keine Rolle, wie hoch du den Fuß bekommst. Du kannst auch die Zehen am Boden aufstellen und deine Ferse an den Knöchel legen, wenn du dich unsicher fühlst. Wichtig ist allein das Gefühl der Stabilität.

Beim Yoga gibt es kein Richtig oder Falsch. Es ist kein Wettkampf, sondern ein Geschenk an dich, an deinen Körper und Geist. Nimm dieses Geschenk an, wie es sich an diesem Tag richtig für dich anfühlt.

6. Atme aus und führe dabei langsam deine zusammengelegten Hände über dem Kopf nach oben. Lasse deinen Atem sanft fließen und achte darauf, dass du die Schultern nicht zu den Ohren ziehst, sondern lasse sie sanft nach hinten und unten gleiten.

7. Atme jetzt einige Male tief ein und aus, sodass sich deine Brust und deine Schultern mit jedem Atemzug weiten.

8. Genieße das Gefühl der Stabilität. Strecke dich in den Himmel und wachse in den Boden. Lasse allen negativen Gedanken in den Boden fließen und nimm die Kraft des Universums in dich auf. Schließe deine Augen.

9. Hebe deine Arme und strecke sie schulterbreit nach oben aus. Schiebe die Hände über den Kopf, öffne dich wie eine Baumkrone und wachse in die Höhe. Genieße die Spannung in deinem Körper und atme einige Male ruhig ein und aus.

10. Führe die Arme nun wieder zusammen und senke sie langsam ab, stelle deinen Fuß sacht wieder auf den Boden und spüre noch einen Moment dem Gefühl nach. Öffne deine Augen wieder.

11. Atme ein paar Augenblicke und beginne die Übung dann mit der anderen Seite.

12. Wenn du die Übung häufig trainierst, wirst du spüren, wie dein Baum mit jeder Praxis stärker und größer wird.

Extra-Tipp:

Wenn du Probleme damit hast, dein Gleichgewicht zu halten und wie eine junge Pappel im Wind hin- und herschwankst, hilft dieser Trick: Lasse deine Augen bei der Übung geöffnet und konzentriere dich auf einen Punkt im Zimmer. Behalte diesen Punkt fest im Blick, während du deine Übung achtsam aufbaust.

Kreativ 4:

Mandala

Beim Ausmalen eines Mandalas fokussiert man sich spielerisch und sehr effektiv auf die Gegenwart. Mandalas helfen dir dabei, deine Gedanken zu ordnen und Stress zu reduzieren. Durch die kreative Tätigkeit übst du dich in Geduld und Perfektion. Deine Affenbande ist hochkonzentriert und schaut dir dabei zu, wie du Strich für Strich das Bild wachsen lässt.

» Leben ist nicht genug, sagte der Schmetterling. Sonnenschein, Freiheit und eine kleine Blume muss man auch haben.«

Hans Christian Andersen, dänischer Schriftsteller, 1805–1875

Love 6:
Ein Brief für mich

Schreibe einen Brief an dich. Schreibe alles auf: was dir gerade durch den Kopf geht, was dich beschäftigt, wie es dir geht, welche Sorgen oder Hoffnungen du hast. Auf was freust du dich? Was macht dir Angst? Was hast du vor Kurzem Besonderes erlebt? Wen magst du? Was wünschst du dir? Bewahre den Brief in der Einstecklasche dieses Buchs auf und hole ihn hin und wieder hervor. Du wirst staunen, wie sich deine Sichtweise auf die Dinge ändert. Im Rückblick sind die Ängste meist unbegründet, und die Hürde hast du meisterhaft überwunden.

Liebes Ich, ...

... momentan kreisen unheimlich viele Dinge durch meinen Kopf! Und gerade bin ich sehr nervös!

Zum Beispiel ist da dieser Aufsatz, den ich bald abgeben und auch noch als Referat halten muss! Man soll beschreiben, welche Ziele man nach der Schule hat und was man mal werden möchte. Dieses Thema bereitet mir ziemliche Kopfschmerzen! Scheinbar hat jeder aus meiner Klasse voll den Plan, nur ich eben nicht... Gott sei Dank habe ich meine Freundin Netti ♥ Wir wollen am Wochenende gemeinsam an den See fahren – darauf freue ich mich schon sehr! Sie will mir auch bei dem Aufsatz helfen ... Aber eigentlich möchte ich nur raus ans Wasser!

Ich hab totale Panik, dass auch da sein wird!

Wenn ich ihn sehe, verstecke ich mich sofort! Aber eigentlich möchte ich ihn gerne wieder sehen – das letzte Mal ist schon lange her... Es wäre so cool, wenn wir in dieselbe Schule gehen würden! Was sag ich ihm bloß, wenn wir uns begegnen sollten?! Allein der Gedanke macht mich verrückt!
Ich wünschte echt, ich hätte mehr Selbstvertrauen und wäre mutiger. Denn ich frag mich wirklich, ob er mich mag...

Träumen 3:
Ziele erreichen

Nimm dir jeden Tag ein kleines Ziel vor, dass du an diesem Tag verwirklichen willst. Auch ganz kleine Wünsche und Träume können dich glücklich machen, wenn du sie dir erfüllst. Überlege dir morgens beim Aufwachen einen Wunsch, dessen Erfüllung du dir heute schenken möchtest.

Stell dir in allen Einzelheiten vor, wie es sich anfühlt, wenn du deinen Traum erreicht hast. Frag dich anschließend, was dich daran hindert, dir diesen Wunsch zu erfüllen. Meist ist es Faulheit oder Angst. Überlege, wie du diese Hindernisse überwinden kannst.

Schreibe dir jeden Morgen einen kleinen Spickzettel mit deinem Wunsch und seiner Erfüllung auf. Stecke ihn ein, damit du ihn immer griffbereit hast und daran denkst, dir diesen Traum zum Geschenk zu machen. Dieser Trick funktioniert auch mit großen Wünschen und Träumen. Setze dir keine unrealistischen Ziele, wie einmal zum Mars zu fliegen oder im Lotto zu gewinnen, sondern überlege dir, was wirklich dein ganz persönlicher Herzenswunsch ist, notiere ihn unten und dann verfolge ihn mit aller Kraft und Energie und lasse ihn täglich wachsen.

Meine Ziele

Wie wäre es, wenn ich
mein Ziel erreicht hätte?

Was hindert mich daran,
gleich anzufangen?

Wie will ich mein
Ziel erreichen?

Wenn ich mein Ziel erreicht
habe, dann ...

SOMMER

Nach den wechselhaften Tagen des Umbruchs, der Erneuerung und des Wandels, kommt nun die Zeit, Energie zu tanken und die warme Jahreszeit aus vollem Herzen zu genießen. Fahre mit dem Fahrrad an den See, triff dich mit Freunden in der Eisdiele, tanze barfuß über den Rasen und lasse dich morgens von den ersten Sonnenstrahlen aus dem Bett kitzeln. Jetzt ist die Zeit für kühlende Getränke und Hitzefrei. Die Sonne strahlt nun schon sehr hell und hebt damit deine Stimmung. Sobald sie hinter den Wolken hervorschaut, heißt es: ab nach draußen und die Strahlen auf der Haut tanzen lassen. Die Strahlen der Sonne aktivieren die Bildung wichtiger Vitamine, die dich von innen heraus leuchten lassen und zu deinem Wohlbefinden beitragen. Natürlich gilt auch hier frei nach Paracelsus: die Dosis macht das Gift. Wenn du deiner Haut jeden Tag eine kleine Lichtdusche gönnst, profitierst du von den gesundheitsfördernden Wirkungen des Sonnenlichts. Bei stundenlangen Sonnenbädern verwandeln sich die positiven Aspekte jedoch ins Gegenteil. Nutze kurze Einheiten in der prallen Sonne als kleine Energiequelle und lade deine Akkus wieder auf. Gerade im Sommer lässt dich ein Spaziergang im schattigen Wald wahre Glücksgefühle erleben. Die Sonne scheint durch das Blätterdach und verwandelt den Wald in ein grün leuchtendes Paradies. Wissenschaftler haben herausgefunden, dass bestimmte Landschaftsmerkmale auf uns sofort entspannend wirken. Dazu gehören stehende und fließende Gewässer, grüne Blätterdächer und Blumenwiesen. Genieße daher den Sommer mit allen Sinnen. Wirf die Flip-Flops ab und laufe barfuß.

Jeder Schritt löst eine wahre Explosion in deinen Sinnesorganen aus, denn unter den Fußsohlen enden 70 000 Nervenbahnen. Sie leiten die empfangenen Signale direkt in dein Gehirn weiter und schütten dort Glückshormone aus. Du kannst dich auch einfach auf einer kuscheligen Picknickdecke in den Schatten legen und den Flug der Wolken beobachten.

» In jedem Menschen ist Sonne –
man muss sie nur zum Leuchten bringen. «
Sokrates, griechischer Philosoph, 470 – 399 v. Chr.

Juni

Guten Morgen, liebe Sonne. Vorhang auf, Jalousien hoch, Fenster weit auf. Lass früh morgens die frische, saubere Luft in dein Zimmer strömen. Stell dich ans Fenster und atme tief ein: Riechst du den Duft des Sommers? Vielleicht beginnt für dich nun eine stressige Phase. Jetzt ist die Zeit, um in der Schule noch einmal richtig durchzustarten, bevor du dich mit den langen Ferien belohnen kannst. Lass dich von den bevorstehenden Aufgaben nicht ängstigen oder stressen. Du schaffst die Herausforderungen. Gönne dir Zeiten fürs Lernen und Zeiten fürs Ausruhen und zum Entspannen. Versuche, stets nur eine Aufgabe zu erledigen und dich voll und ganz auf deine Beschäftigung zu konzentrieren. Sei nicht Multitasking, sondern Monotasking. Dein Gehirn ist nicht dafür geschaffen, sich mit mehreren Dingen gleichzeitig zu beschäftigen, es springt dann ständig zwischen den Aufgaben hin und her. Wenn du Hausaufgaben machst und nebenbei immer mal wieder auf dein Handy schaust, schleichen sich Flüchtigkeitsfehler und Konzentrationsprobleme ein. Du kannst viel effektiver und konzentrierter arbeiten, wenn du dich auf eine Sache fokussierst und alles nacheinander abarbeitest. Monotasking ist pure Entschleunigung. Du wirst merken, dass du deine Hausaufgaben viel schneller und vor allem auch korrekter erledigst, wenn du dein Telefon währenddessen ins Nachbarzimmer verbannst. Mache dir eine Liste und plane deine Aktivitäten, sortiere sie nach Dauer und Wichtigkeit. Erledige zuerst Arbeiten, die eine hohe Konzentration verlangen, und beende sie mit Dingen, die dir Spaß machen.

LISTE:

Aufgabe	Zeitaufwand

Mut 2:
Positives Denken

Wer etwas Neues ausprobiert, kann auch scheitern. Das ist ganz normal. Habe den Mut, deine Träume zu verwirklichen und Fehler zu machen. Aus Fehlern lernt man viel mehr als aus Erfolgen. Versuche, aus den Hindernissen, die sich dir in den Weg stellen, eine Treppe zu bauen, statt den einfachen Weg zu nehmen und um das Hindernis herumzugehen. Wenn du dich gerade über ein Missgeschick oder einen Misserfolg ärgerst, kannst du folgende Mutmach-Übung probieren:

1. Setze dich entspannt an deinen Lieblingsplatz und lass die Stille einen Moment auf dich wirken. Atme ein paar tiefe Atemzüge in deinen Bauch und spüre dem Atem nach. Dadurch beruhigt sich dein Atem, und der Ärger löst sich langsam in Luft auf.

2. Versuche, die Situation, in der du etwas Neues ausprobiert hast und gescheitert bist oder in der etwas trotz häufigerem Üben einfach nicht geklappt hat, noch einmal ganz in Ruhe zu betrachten.

3. Versuche herauszufinden, warum es nicht geklappt hat. Finde den Kern des Scheiterns. Vielleicht hat es nicht funktioniert, weil du es noch nicht oft genug probiert hast, vielleicht war die Situation noch nicht ideal.

4. Mache dir keine Vorwürfe, sondern versuche, den Fehler positiv zu formulieren. Wenn du beispielsweise lernen möchtest, auf einem Seil zu tanzen, sind Fehlschläge vorprogrammiert. Lass dich davon nicht unterkriegen.

5. Denke positiv, sage dir zum Beispiel: »Ich kann mein Gleichgewicht noch besser trainieren, dann falle ich beim Balancieren nicht mehr so oft hinunter.« Versuche es das nächste Mal mit kleineren Schritten und übe erst einmal auf der Stelle, das Gleichgewicht zu halten, ohne vorwärtszugehen. Sage dir: »Ich darf alles ausprobieren – jeder Fehler bringt mich meinem Ziel näher.«

Achtsamkeit 5:
Genieße dein Essen

Mit dieser Achtsamkeitsübung kannst du deinen Geist beschäftigen und die Affenbande im Kopf beruhigen. Übung macht den Meister, und du wirst merken, wie sich deine Sinne immer mehr schärfen und das Geschmackserlebnis intensiviert.

Schließe bei jeder Mahlzeit oder beim Essen eines Pausensnacks, wie z. B. einem Apfel, zwischendurch kurz die Augen. Konzentriere dich auf den Geschmack, den Geruch, die Konsistenz des Lebensmittels in deinem Mund. Spüre, wie, der Bissen im Mund zergeht, und achte auf den Moment des Schluckens. Durch diese achtsamen Pausen beim Essen wirst du mit der Zeit insgesamt langsamer und achtsamer essen und der Nahrung mehr Aufmerksamkeit schenken. Betrachte jeden Bissen als Geschenk für deinen Körper. Schenke ihm gesundes Essen und verzichte auf Fertig- und stark verarbeitete Produkte. Durch das langsame, achtsame Essen bekommen manche Lebensmittel einen ganz anderen Geschmack. Hast du schon mal eine Mohrrübe von außen nach innen abgeknabbert? Dabei stößt du im Inneren auf eine Art »Kern«, der viel süßer schmeckt als der Rest.

» Nimm dir jeden Tag Zeit,
still zu sitzen und auf die Dinge zu lauschen.
Achte auf die Melodie des Lebens,
die in dir schwingt. «
Buddha, ca. 400 v. Chr.

Beauty 4:
Fußpeeling

Die ersten Sonnenstrahlen lassen sich blicken, und es wird Zeit, die Flip-Flops und Sommersandalen aus dem Winterschlaf zu wecken. Mach' deine Füße bereit für den ersten Sonnenspaziergang und beseitige die raue, rissige Haut des Winters. Gönne dir vorher noch ein warmes Fußbad mit einem Schuss Zitrone und einem Esslöffel Olivenöl, und schenke deinen Füßen nach dem Peeling eine entspannende Massage mit einer pflegenden Creme. Du wirst nach diesem Verwöhnprogramm das Gefühl haben, dass du auf Wolken läufst.

Du brauchst:

- 40 g feines Salz
- 1 EL grobes Salz (Hagelsalz)
- 1 EL Kaisernatron (Backnatron, das bekommst du in jedem Supermarkt)
- 2 EL Kokosöl

Anleitung:

Gibt erst das Kokosöl in eine Schüssel und stelle es an einen warmen Ort oder in die Sonne, bis das Öl schmilzt (etwa bei 20 Grad). Dann füge die anderen Zutaten hinzu und vermische sie. Ganz nach Geschmack kannst du nun einige Tropfen duftendes, ätherisches Öl mit einrühren. Die Füße in der Badewanne oder Dusche sanft mit dem Peeling eincremen und dann mit kreisenden Bewegungen schrubben. Dabei besonders die Ferse bearbeiten. Anschließend abduschen und pflegen. Danach dicke Socken anziehen, aufs Sofa kuscheln, ein Buch lesen und wohlfühlen.

Glück 6:
Liste der lästigen Dinge

Lass aus Unglück Glück werden und widme dich den von dir vernachlässigten Dingen mit deiner ganzen Aufmerksamkeit. Wir neigen dazu, Dinge, die wir nicht gerne erledigen, immer weiter vor uns herzuschieben. Nicht selten wird der Berg dadurch immer größer, bis wir das Gefühl haben, von unerledigten Dingen erschlagen zu werden. Versuche, aus diesem Teufelskreis auszubrechen und erledige zuerst, was dir keinen Spaß macht, wie z. B. Hausarbeiten oder Vokabeln üben. Setze dich an deinen Schreibtisch und schließe einen Moment lang die Augen. Schau dir in Gedanken dabei zu, wie du die lästige Aufgabe bewältigst und abschließt. Stell dir das Gefühl vor, wie es ist, fertig zu sein und frei für die Dinge, die dir Spaß machen. Das ist deine Motivation. Halte diese Vorstellung im Kopf fest und fange an, das Lästige loszuwerden. Fokussiere dich ganz auf deine Arbeit, dann geht sie dir viel schneller von der Hand.

Schreibe in diese Liste all die Dinge hinein, die du lästig findest und vor dir herschiebst. Nimm dir vor, jeden Tag eine lästige Sache zu erledigen. Streiche alles mit einem dicken Stift durch, was du erledigt hast und genieße das Gefühl beim Streichen.

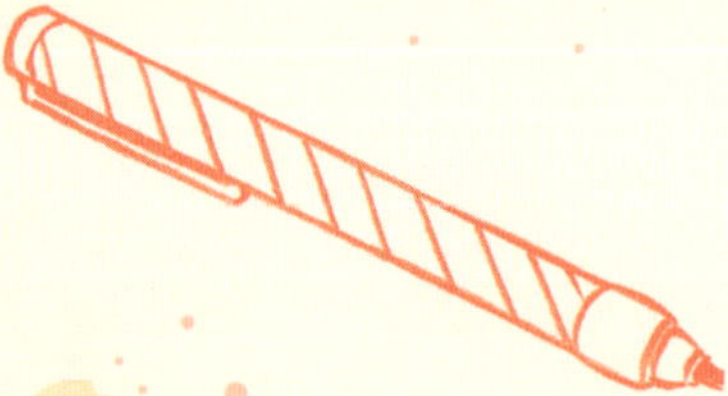

» GLÜCK ENTSTEHT OFT DURCH AUFMERKSAMKEIT
IN KLEINEN DINGEN, UNGLÜCK OFT DURCH
VERNACHLÄSSIGUNG KLEINER DINGE. «
WILHELM BUSCH, DT. DICHTER UND ZEICHNER, 1832–1908

Kreativ 5:
Stell' die Welt auf den Kopf

Heute ist der perfekte Tag, um etwas Neues auszuprobieren. Putze dir deine Zähne doch mal mit der anderen Hand. Setze dich auf einen anderen Platz als sonst. Ändere deinen üblichen Schulweg und laufe auf der anderen Straßenseite. Lasse dich auf neue Erfahrungen ein und schmeiße deine Vorbehalte über Bord. Die Dinge ändern sich nicht. Es ist deine Sichtweise, die die Dinge ändert. Neue Eindrücke und Gefühle nehmen wir immer viel stärker und bewusster wahr, als das, was wir immer schon so gemacht haben.

Schreibe hier auf, was du heute anders gemacht hast:

Yoga 8:
»Der Krieger«

Der Krieger ist eine kräftigende und stabilisierende Übung. Sie fördert geistige Fähigkeiten und Mut. In dieser Position strahlst du Stärke aus und stehst fest auf dem Erdboden.

So geht's (Krieger rechts):

1. Stelle dich aufrecht und mit weit gegrätschten Beinen hin. Denke an deine Prinzessinnenkrone und halte deinen Rücken und den Kopf aufrecht. Deine Füße stehen parallel zueinander.

2. Drehe nun den rechten Fuß nach außen und folge mit dem Oberkörper der Bewegung.

3. Beuge nun das vordere Bein, bis das Knie senkrecht über dem Sprunggelenk ist.

4. Strecke die Arme seitlich aus und hebe sie voller Spannung in Schulterhöhe, ohne die Schultern dabei zu verspannen. Dein Oberkörper bleibt dabei stolz und aufgerichtet – wenn du in ein Hohlkreuz gerätst, kippe dein Becken ein wenig nach vorn, bis du spürst, wie sich auch dein unterer Rücken streckt. Die Handflächen weisen nach unten.

5. Drücke nun die linke Fußinnenkante in den Boden und spüre, wie sich Spannung in der linken Oberschenkelinnenseite aufbaut. Stelle dir vor, deine Beine sind eine Schere, die du sanft schließen möchtest.

6. Dein Blick gleitet über deine ausgestreckte Hand und den rechten Fuß. Spüre die Spannung, die sich in dieser Haltung in dir aufbaut.

7. Stell dir vor, dass du ein stolzer Krieger bist. Spüre die Kraft deines Inneren. Deine Füße sind fest mit der Erde verankert und übermitteln dir ihre Stärke. Atme langsam 5 tiefe Atemzüge durch die Nase ein und aus.

8. Dann streckst du das rechte Bein wieder durch, drehst den Fuß zurück und führst aus dieser Ausgangsposition heraus die andere Seite durch.

Juli

Der Juli ist der wahre Sommermonat. Jetzt kannst du deine freie Zeit perfekt planen. Schenke dir Zeit für dich und lasse dich nicht dazu verführen, dich mit deinen Zeitfressern abzulenken. Lege dein Handy in das Nebenzimmer. Nimm dir eine feste Zeit vor, in der du Instagram, Whats-App, Snapchat und Co. öffnest, und lies deine Nachrichten nur zweimal am Tag. Stell dir für diese Zeit einen Wecker und melde dich danach in der Gruppe bis zum nächsten Tag ab. Wenn etwas wirklich Wichtiges passiert, kann derjenige direkt anrufen. Nutze die Zeit stattdessen sinnvoll für dich. Du wirst staunen, wie viel Zeit du nun für Dinge zur Verfügung hast, die du gerne und mit Leidenschaft machen magst. Diese Zeit ist dein Geschenk an dich und an die Menschen, die dir guttun. Schreibe hier auf, welche Geschenke du dir den Sommer über gemacht hast.

Denn Freizeit
bedeutet
eben genau das:
FREIE ZEIT

143

Soulfood 3:
Erfrischender Sommer-Smoothie

Dieser erfrischende Gurken-Birnen-Apfelsaft ist genau das Richtige für dich, wenn du nach dem Sport eine Abkühlung brauchst oder wenn dir der Kopf nach dem Lernen raucht.

Für ein Glas Sommer-Smoothie brauchst du:

Eine handvoll Pfefferminzblätter

1 Birne

1 Apfel

½ Salatgurke

100 ml Wasser oder Kokoswasser

½ Limette

Eine handvoll Eiswürfel

Die Pfefferminzblätter abspülen und mit einer Küchenschere in kleine Stück schneiden. Dann alle Zutaten in einen Standmixer füllen und so lange mixen, bis die Eiswürfel zerkleinert sind.

Träumen 4:
Tagträume

Wieso sind wir eigentlich immer so getrieben, etwas machen zu wollen? Warum können wir nicht einfach nur mal sein? Einfach in den Tag hineinträumen, im Bett liegen und die Gedanken ziehen lassen. Den Blick über die Natur schweifen lassen, ohne etwas zu wollen. Nichtstun ist achtsame Entschleunigung. Natürlich ist dies kein Dauerzustand, und stundenlanges Nichtstun ist oft alles andere als entspannend. Nein, entspannend ist das Nichtstun vor allem, wenn man sich im Alltagsstress nach einer anstrengenden Arbeit kleine Atempausen gönnt.

Diese kleinen Oasen, in denen zu Zeit hättest, für einen Augenblick aktiv nichts zu tun, verstecken sich überall. Du musst sie nur finden – z. B. wenn du auf der Rolltreppe stehst oder in der Bahn sitzt. Wo sind deine Alltagsschätze versteckt? Finde sie und schreibe sie hier auf.

Achtsamkeit 6:
Zeitmanagement

Apropos Zeitaufwand. Sicherlich kennst du sie auch gut: Die Zeitfresser, die dich in Versuchung führen und von der Arbeit ablenken wollen. Zeitfresser sind alle Aktivitäten, die dir deine wertvolle Zeit rauben und eigentlich vermeidbar wären. Dazu gehört z. B. das Internet, in dem wir ganz schnell eine Stunde verlieren, ohne es zu merken. Auch ungelöste Konflikte, deren Lösung wir vor uns herschieben oder unerledigte Aufgaben fressen unsere Kraft, Energie und Zeit, weil sie uns viel länger beschäftigen, als es nötig wäre. Was sind deine Zeitfresser?

Mache eine Liste deiner gefährlichsten Zeitfresser. Vielleicht verbringst du zu viel Zeit in den sozialen Medien oder verschwendest deine Zeit mit der Suche nach passenden Socken in der ungeordneten Sockenschublade? Oder verbringst du zu viel Zeit damit, eine Sache zu perfekt machen zu wollen, und suchst immer weiter nach Fehlern, obwohl längst keine mehr da sind?

Sobald die Zeitfresser auf der Liste stehen, sind sie schon nicht mehr so gefährlich, weil du sie nun kennst und aktiv aus deinem Leben verbannen kannst.

» Denke immer daran, dass es nur eine wichtige Zeit gibt. Heute. Hier. Jetzt. «
Leo Tolstoi, russischer Schriftsteller, 1828 – 1910

Glück 7:
Schatzsuche

Mache dich auf die Suche nach deinen ganz persönlichen Hier-und-Jetzt-Momenten. Wann hast du das Gefühl, ganz bei dir zu sein? Wann bist du ganz besonders präsent und nimmst deine Umgebung mit allen Sinnen wahr? Wann bist du von deinem Tun so eingenommen, dass du keine anderen Gedanken mehr hörst und ganz und gar fokussiert bist? Es lohnt sich, diesen inneren Flow zu suchen. Wenn du ihn gefunden hast, versuche, ihn so oft wie möglich zu nutzen.

Meistens stellt sich dieser Moment des vollkommenen Aufgehens in eine Aufgabe ein, wenn wir etwas körperlich machen, z.B. klettern, basteln, musizieren, puzzeln oder malen, und unseren Kopf mit dieser einen Aufgabe voller Leidenschaft beschäftigen. Dies ist deine Zeit. Die Zeit, in der die Sorgen, Ängste und Probleme vergessen sind und in der dein Geist frei sein darf. Schreibe unten deine persönlichen Hier-und-jetzt Momente auf und versuche, so viel Zeit wie möglich mit ihnen zu verbringen.

Love 8:
Don't worry, be happy.

Unterschätze nie die Kraft der Gedanken. Du kannst nicht pessimistisch über etwas nachdenken und dann erwarten, dass es sich positiv entwickelt. Daher denke immer positiv, wenn du möchtest, dass es gelingt. Schenke deiner Umgebung jeden Tag ein Lächeln. Beginne den Morgen mit einer positiven Affirmation.

» WER DEN TAG MIT EINEM LACHEN BEGINNT, DER HAT IHN BEREITS GEWONNEN. «
CICERO, RÖMISCHER POLITIKER UND PHILOSOPH, CA. 106 – 43 V. CHR.

Morgen-Affirmation

ICH BIN ERHOLT UND
FREUE MICH AUF ALL DAS SCHÖNE,
DAS MIR DIESER NEUE TAG SCHENKT.

Lächele dir selber beim Zähneputzen am Spiegel zu und sage dir, wie erholt und energiegeladen du aussiehst. Mache dir Komplimente über dein Aussehen und sage laut zu deinem Spiegelbild: ICH LIEBE DICH.
Nun kannst du deinen Tag beginnen.

Abend-Affirmation

ICH BIN DANKBAR FÜR DIESEN TAG.
FÜR DIE FÜLLE UND DEN REICHTUM, DEN
ICH IN MEINEM HERZEN SPÜREN DARF.

ICH BIN DANKBAR
FÜR DIE LIEBE UND DAS MITGEFÜHL,
DAS MIR LIEBE MENSCHEN SCHENKEN.

ICH BIN DANKBAR
FÜR DAS GLÜCK DIESES TAGES.

Lass abends im Bett deinen Tag noch einmal Revue passieren. Betrachte diese Gedanken, aber versuche, sie nicht zu werten, sondern schiebe sie dann einfach zur Seite und denke darüber nach, wofür du heute dankbar sein möchtest. Bedanke dich bei jedem einzelnen Körperteil für die Arbeit, die es für dich geleistet hat. Schlafe mit diesem warmen Gefühl der Dankbarkeit für deinen Körper ein.

DIY 2:
Sommercollage

Die Sommerferien stehen vor der Tür – mach diesen Sommer zu deinem Sommer! Du kannst die Wellen nicht anhalten, aber du kannst lernen, auf ihnen zu reiten. Mach das Beste aus den freien Tagen. Es spielt keine Rolle, ob du ein exotisches Ziel bereist oder dich mit Freunden in der Eisdiele triffst. Es liegt in deiner Hand, die freie Zeit mit tollen Erinnerungen aufzufüllen. Bastle dir deine eigene Sommercollage. Entweder hier im Buch, oder du nimmst ein Stück Bastelpappe, das du an die Wand stellst oder aufhängst. Nun kannst du hier alles notieren, was du erleben möchtest.

Schreibe deine schönen Ferienerlebnisse auf. Klebe Urlaubsschnappschüsse ein.
Sammle Erinnerungsstücke, wie Kinokarten oder Eintrittskartenabschnitte und klebe sie dazu. Schon bald wird sich das Bild füllen und dir vor Augen führen, wie erfüllt dein Sommer ist.

August

Sonne, Strand, Meer, tropfendes Eis, Flip-Flops und Picknick im Grünen.
Sechs Wochen Zeit für dich, für deine Freunde, für Hobbys, für neue Eindrücke und Inspirationen. Um neue Erfahrungen zu machen, brauchst du nicht gleich die Welt zu bereisen.
Auch in deiner direkten Umgebung gibt es viel Neues zu entdecken. Wechsel die Perspektive.
Entdecke deine Umgebung neu. Fülle die Blumen auf dieser Seite mit neuen Eindrücken.

» WAS OHNE RUHEPAUSEN GESCHIEHT,
IST NICHT VON DAUER. «
OVID, RÖMISCHER DICHTER, 43 V. CHR.–17 N. CHR.

Soulfood 4:
Eiskaltes Früchtchen

Schöner kann gesundes Naschen nicht sein!
Mit diesem Eis aus Früchten und Joghurt
kannst du unbeschwert den Sommer genießen.

Du brauchst:

- 5 reife Erdbeeren
- ½ Mango
- 1 Handvoll Himbeeren
- 1 Becher (250 g) Naturjoghurt oder Skyr
- 1 EL Honig oder Dattelsirup, je nach Bedarf
- einige Blätter Pfefferminze

Anleitung:

Ein flaches, eckiges Gefäß (etwa 20 × 20 cm, verschließbare Plastikdose) mit Backpapier auslegen. Das Obst waschen, die Mango schälen, entkernen und in kleine Stückchen schneiden. Du kannst natürlich auch andere Obstsorten verwenden, wie Apfel, Banane, Kiwi, Melone, Weintrauben, ganz wie du es magst. Den Joghurt mit Honig oder Dattelsirup vermischen, evtl. mit einer Prise Zimt oder Vanille verfeinern. Den Joghurt auf dem Backpapier verstreichen und die Früchte auf dem Joghurt streuen. Nicht vermischen. Das Gefäß verschließen oder mit Frischhaltefolie abdecken und für mind. drei Stunden ins Gefrierfach legen. Danach das Fruchteis herausnehmen. Einzelne Stücke abbrechen und sofort servieren und vor allem gleich genießen.

Achtsamkeit 7:
Traumreise

In der Ruhe liegt die Kraft. Nutze sie, um ganz bei dir anzukommen und zu entspannen. Setze dich in eine angenehme, aufrechte Sitzposition oder lege dich bequem auf den Boden. Schließe die Augen. Spüre das Kommen und Gehen deines Atems, ohne ihn zu beeinflussen. Atme so einige Atemzüge und spüre, wie du mit jedem Atemzug ruhiger wirst. Lass dir die folgende Phantasiereise vorlesen oder lese sie dir selber vor und nimm sie mit dem Smartphone auf. Versuche, zwischen den einzelnen Schritten genügend Zeit zu lassen. Die Meditation dauert etwa 20 Minuten.

Meditation:

Du atmest ein.
Du atmest aus.
Du bist ganz bei dir.
Du fühlst dich wohl und entspannt.

Stell dir vor, dass du dich auf einen Spaziergang begibst. Stell dir einen Weg vor, der dich in einen wunderbaren Garten führt. Dies ist dein Garten. Der Garten ist mit einem Tor verschlossen. Du hast den Schlüssel, öffne das Tor und tritt in deinen Garten. Schaue dich um. In dem Garten stehen blühende Kirschbäume. Apfelbäume tragen rote Früchte.

Die Blumen blühen. Die Luft ist erfüllt von Vogelgezwitscher und bunten Schmetterlingen. Du hörst im Hintergrund das leise Geräusch von plätscherndem Wasser. In der Ferne erkennst du einen kleinen See. Ein schmaler Weg führt dich durch den blühenden Garten zu dem Wasser. Du folgst ihm und spürst mit jedem Schritt den weichen Boden unter deinen Füßen. Der Weg führt dich zu einem idyllischen See. In diesen See fließt ein kleiner Wasserfall. Du atmest die feuchte Luft ein. Das Geräusch des plätschernden Wassers hörst du nun lauter. Das Wasser des Sees ist klar. Du tauchst deinen Fuß in das klare Wasser und lässt dich mit deinem ganzen Körper in das klare Wasser gleiten und beginnst zu schwimmen.

Du schwimmst quer über den kleinen See, direkt auf den Wasserfall zu. Unter dem Wasserfall ist ein Felsvorsprung, auf den du leicht klettern kannst.

Du stellst dich auf den nassen Stein direkt unter den Wasserfall und lässt das Wasser über deinen Kopf und deinen Körper laufen. Das Wasser ist angenehm warm. Es hüllt dich ganz ein. Sanft streichelt das warme Wasser deinen Köper. Die Tropfen des Wasserfalls schimmern in allen Regenbogenfarben. Alle Sorgen und Probleme werden von diesem heilenden Wasser abgewaschen. Du fühlst dich erfrischt und befreit. Lass alles los. Nichts ist mehr wichtig. Genieße das Gefühl des vollkommenen Loslassens. Du bist du. Du nimmst die Energie des Wassers auf, verbindest dich mit ihm, ihr werdet eins. Alles andere wird weggespült. Genieße die Verbindung. Atme die positive Energie ein und atme alles aus, was dich belastet. Lass deine Probleme und Ängste mit dem Wasser fortfließen. Beobachte, wie sie vom Wasser abgewaschen werden und unter deinen Füßen in das klare Wasser des Sees fließen und sich mit ihm verbinden. Jetzt bist du bereit, diesen Ort zu verlassen. Springe mit einem Kopfsprung in den See. Spüre, wie das kühle Wasser nun an deinem Körper entlangstreicht. Tauche auf, spüre, wie du die Wasseroberfläche durchbrichst, und schwimme dann langsam zurück ans Ufer. Folge dem Pfad zurück durch deinen Garten. Verschließe die Pforte hinter dir und nimm den Schlüssel wieder an dich. Dies ist der Schlüssel zu deinem inneren Paradies, in das du jederzeit zurückkommen darfst. Du trägst dieses Paradies in dir.

Atme tief ein und aus. Bewege langsam deine Finger und Zehen. Kreise mit den Handgelenken und strecke dich. Lass deine Bewegungen größer werden und komme zum Sitzen, wenn du vorher gelegen hast. Lege nun deine Hände vor dem Herzen zusammen und verbeuge dich vor dir selbst. Danke dir dafür, dass du dir die Zeit genommen hast, dir dieses Geschenk zu machen. Schenke dir ein Lächeln und öffne die Augen.

Willkommen im Hier und Jetzt.

Meditationen helfen dir dabei, ganz bei dir zu sein und verborgene Wünsche und Gefühle zu entdecken. Schreibe hier auf, welche Gedanken du beim Meditieren hattest. Wie hast du dich gefühlt? Was hast du gesehen?

Kreativ 5:
Male dir deinen Sommer

Was bedeutet Sommer für dich? Male hier alles auf, was dich in diesem Sommer bereits
glücklich gemacht hat. Wenn es mal regnet oder wenn es wieder kälter wird,
kannst du diese Sommerglückseite immer wieder ansehen und das warme Sommergefühl
in deinem Herzen entstehen lassen.

Love 8:
Reise durch deinen Tag

Man kann nicht nur durch ferne Länder reisen, sondern auch durch sein Inneres. Beim Body-Scan hast du schon eine Reise durch deinen ganzen Körper gemacht. Jetzt ist es Zeit, durch deine Gedanken- und Gefühlswelt zu reisen.

Lege dich bequem hin, gerne auch schon auf dein Bett. Schließe deine Augen und erinnere dich an das Gefühl, dass du morgens beim Aufwachen hattest. Was hast du gespürt? Vielleicht hattest du Herzklopfen, weil eine wichtige Arbeit geschrieben werden musste, und kannst jetzt, am Ende des Tages, das wunderbare Gefühl genießen, es geschafft zu haben. Vielleicht hast du dich auf den Tag gefreut, weil ein Ausflug geplant war. Gehe den Tag langsam chronologisch durch.

Wie hast du dich beim Aufwachen gefühlt?

Hast du dich auf den Tag gefreut?

Wie hat sich dies Gefühl im Laufe des Tages verändert?

Was war der schönste Moment, den du heute erlebt hast?

Was war die herzlichste Begegnung?

Denke an die Menschen, die dich heute angelächelt oder in den Arm genommen haben.

Denke an den Moment, an dem du dir Zeit für dich genommen hast.

Hast du heute das Wetter und die Natur wahrgenommen?

Hast du eine Aufgabe bewältigt, die dich mit Stolz erfüllt?

Hast du den Menschen, die du liebst, liebevolle Beachtung geschenkt?

Beende deine Reise, indem du dir einen Moment aussuchst, der dich heute ganz besonders glücklich gemacht hat. Öffne die Augen mit einem Lächeln. Du kannst nun alles loslassen. Es gibt nichts mehr zu tun. Danke dem Tag, dass er dir schöne Momente geschenkt hat. Schlafe mit dem Bewusstsein ein, dass auch der nächste Tag ein Geschenk für dich ist und dir schöne Momente bringen wird.

HERBST

Der Herbst ist der Frühling des Winters, in dem sich jedes Blatt in eine wunderschöne, farbige Blüte verwandelt. Nutze diese Zeit des Wandels für lange Spaziergänge und beobachte, wie sich die Natur für den Winter einrichtet. Mache eine Gehmeditation im Wald und genieße die sanften Sonnenstrahlen, die durch das dünner werdende Blätterdach auf deine Haut fallen. Sammle die Momente des Glücks, verankere sie tief in deinem Herzen und hole sie bei Gelegenheit wieder hervor, um sie liebevoll zu betrachten. Kultiviere dein Glück, indem du dir vor dem Einschlafen bewusst machst, was du am Tag Schönes erlebt hast, und lasse andere Menschen an deinem Glück teilhaben, in dem du ihnen ein Lächeln schenkst oder ihnen eine kleine Freude machst. Entdecke, was dich im Herbst glücklich macht und versuche es so oft wie möglich in deinen Alltag einzubinden. Male die Sachen, die dein Herz lächeln lassen, in das Bild und lass dich immer wieder neu verzaubern.

September

Die Sonne hat immer noch viel Kraft und bringt das Laub an den Bäumen zum Leuchten. Der September zeichnet das Herbstlaub in seinen schönsten Farben. Jeder Tag ist nun Veränderung. Du kannst dem Laub zuschauen, wie es die Farbe ändert und schließlich vom Baum fällt. Der Baum saugt die Energie und Kraft des Sommers aus dem Blatt zurück in seinen kräftigen Körper und verwahrt die Sonne darin bis zum nächsten Jahr, um aus dieser Energie heraus wieder neue Blätter wachsen zu lassen. Nimm dir ein Beispiel an dem Baum und versuche, die Energie des Sommers, seine Wärme und Heiterkeit einzusaugen. Diese kleine Sonne, die du nun im Herzen trägst, bringt dich durch die kalte Jahreszeit. Probiere die folgende Gehmeditation aus, um die Natur in dir aufzunehmen und sie liebevoll in dir zu tragen.

》Die besten Entdeckungsreisen macht man nicht in fremden Ländern, sondern indem man die Welt mit neuen Augen betrachtet.《

Marcel Proust, französischer Schriftsteller, 1871–1922

Gehmeditation in der Natur

Unter einer Gehmeditation versteht man eine verlangsamte, achtsame Form des Spaziergangs. Du kannst diese Meditation daher auch auf dem Weg in die Schule oder vor einer roten Ampel durchführen. Eigentlich immer wenn du unterwegs Lust hast, dich einen Augenblick lang zu entspannen und innezuhalten.

So geht's:

Gehe zu deiner Lieblingsstelle im Freien. Halte inne und schaue dich um. Breite deine Arme aus und drehe dich einmal um dich selbst. Bleibe dann stehen. Atme tief ein und aus. Nimm alle Eindrücke deiner Umgebung auf. Werte sie nicht. Lasse sie einfach auf dich wirken. Versuche, mit allen Sinnen zu erleben. Rieche, höre, sehe, fühle. Nimm den Geruch des feuchten Laubs wahr, lausche den Geräuschen deiner Umgebung, beobachte den Flug der Vögel, fühle den weichen Boden unter deinen Füßen, spüre den Wind auf deiner Haut. Nimm diese Eindrücke auf und gehe dann mit dieser Fülle in dir nach Hause.

Love 9:
Ein Date mit dir

Trage dir wöchentlich eine Zeiteinheit in deinen Terminkalender nur für dich ein. In dieser Zeit hast du eine Verabredung mit dir selbst. Nimm dieses Date wichtig und lass es nicht leichtfertig ausfallen. Stell dir vor, eine Königin kommt zu Besuch. Ziehe dich schön an. Koche dir etwas besonders Leckeres und decke den Tisch mit Servietten und Blumen. Zünde dir Kerzen an und nimm ein Bad oder eine warme Dusche mit einem duftenden Badezusatz oder Duschschaum.

Schenke dir eine Meditationseinheit. Egal, was du in dieser Zeit machst, es ist deine Zeit. Mach sie dir zum Geschenk. Schreibe hier auf, was du bei deiner Verabredung mit dir selbst unternehmen möchtest.

> »ES IST NICHT WENIG ZEIT, DIE WIR HABEN,
> SONDERN ES IST VIEL ZEIT, DIE WIR NICHT NUTZEN.«
> SENECA, RÖMISCHER PHILOSOPH, 4 V. CHR.– 65 N. CHR.

Soulfood 5:
Lieblingsgetränke
zum Herzwärmen

Du hast bestimmt ein Lieblingsgetränk. Schreibe
dir das Rezept auf und lasse auch deine Freundinnen ihre Rezepte aufschreiben. Dann könnt
ihr gegenseitig alles ausprobieren.

Yoga 9:
»Katze und Kuh«

Das Wechselspiel zwischen Katzenbuckel und Hohlkreuz mobilisiert deine ganze Wirbelsäule vom Atlas
bis zum Lendenwirbel und versorgt sie mit Sauerstoff,
Blut und Energie. Gerade wenn du lange stillgesessen
hast, braucht deine Wirbelsäule etwas Bewegung. Die
Übung lockert deine Muskeln bis zu den Schultern
und kräftigt deinen Rücken.

So geht's:

1. Lege dir eine Matte oder weiche Unterlage bereit. Stelle dich in den Vierfüßlerstand:
   Deine Hände sind unterhalb deiner Schultern, die Knie unter deinem Hüftgelenk.
   Deine Unterschenkel und Fußrücken liegen flach auf der Unterlage. Der Blick geht
   nach unten, dein Kopf ist in Verlängerung der Halswirbelsäule. Dies ist die Grund-
   position.

2. Mit der Einatmung nun den Rücken ins leichte Hohlkreuz drücken.
   Das Brustbein schiebt sich durch deine Arme nach vorne. Dein Blick geht
   dadurch leicht nach oben. Dies ist die Position der Kuh.

3. Nun ziehst du mit der Ausatmung das Becken und den Rücken nach oben, in den Katzenbuckel. Ziehe deinen Bauchnabel mit dem Ausatmen Richtung Wirbelsäule. Deinen Kopf kannst du locker nach unten hängen lassen. Spüre, wie sich deine Schulterblätter dabei auseinanderziehen. Dies ist die Position der Katze.

4. Lass nun mit jeder tiefen Einatmung den Rücken ins Hohlkreuz sinken und schließe ihn mit jeder Ausatmung in den Katzenbuckel. Die Bewegung richtet sich nach deinem Atemtempo. Versuche sie langsam und achtsam durchzuführen und genieße die gleitende Bewegung deines Rückens, der Brustwirbelsäule und deiner Lendenwirbelsäule.

5. Wiederhole die Bewegung mindestens 10 Mal. Beobachte, wie sich deine Beweglichkeit und deine Atmung dabei verändern.

6. Kehre zurück in die Ausgangsposition und gleite dann auf deine Knie und in die Stellung des Kindes. Schiebe deinen Po zu deinen Füßen und lass ihn schwer sinken, lege deinen Kopf vor dich auf die Matte, lass deine Schultern neben dem Körper ruhen und atme einige Male tief in den unteren Rücken. Schenke ihm mit jeder Atmung mehr Länge und Entspannung. Dann richte dich wieder auf und bedanke dich bei deinem Körper für diese angenehme Übung.

Achtsamkeit 8:
Atme innere Ruhe

Setze dich in eine bequeme, aufrechte Position. Lege deine Hände locker auf deinen Oberschenkeln ab, so, wie sie liegen, liegen sie richtig. Lenke deine Aufmerksamkeit auf deine Atmung. Atme tief ein und aus. Wenn du magst, kannst du deine Hände mit jedem Einatmen sanft nach oben drehen und mit jedem Ausatmen nach unten. Oder du legst beide Hände auf deinen Unterbauch. So kannst du spüren, wie sich bei jedem Atmen dein Bauch hebt und senkt. Mit jedem Atemzug entspannt sich dein Körper. Diese Atemübung kannst du immer zwischendurch machen. Sie wirkt sich positiv auf deinen ganzen Körper aus.

Besonders wirkungsvoll wird diese Atemübung, wenn du sie mit Mantras begleitest. Mantras sind Sätze, Wörter oder auch Silben, auf die sich dein Geist beim Meditieren konzentriert. Durch diese Konzentration auf die Mantras befreist du deinen Geist von den wilden Affen, die in deinem Kopf herumrennen, und kannst dadurch auch deinen Geist entspannen. Besonders hilfreich ist diese Beruhigung deiner Gedanken vor einer wichtigen Prüfung oder einem Referat. Die Mantras kannst du innerlich formulieren, laut aussprechen oder auch singen. Suche dir aus den Vorschlägen ein Mantra aus oder kreiere ein eigenes, persönliches Mantra, das dir in deiner Situation weiterhilft.

» In der vollkommenen Stille hört man die ganze Welt. «
Kurt Tucholsky, dt. Journalist und Schriftsteller, 1890 – 1935

Mantra – Vorschläge:

- ♥ Ich atme Selbstbewusstsein ein. Ich atme Selbstbewusstsein aus.
- ♥ Ich atme Konzentration ein. Ich atme Konzentration aus.
- ♥ Ich atme Achtsamkeit ein. Ich atme Achtsamkeit aus.
- ♥ Ich atme Gesundheit ein. Ich atme Gesundheit aus.
- ♥ Ich atme Weisheit ein. Ich atme Weisheit aus.
- ♥ Ich atme Klarheit ein. Ich atme Klarheit aus.
- ♥ Ich atme Heilung ein. Ich atme Heilung aus.
- ♥ Ich atme Geduld ein. Ich atme Geduld aus.
- ♥ Ich atme Kraft ein. Ich atme Kraft aus.
- ♥ Ich atme Mut ein. Ich atme Mut aus.

Achtsamkeit 9:
Jetzt

Nimm dir einen Moment Zeit für diese Achtsamkeitsübung, mit der du deine Wahrnehmung der Gegenwart verbesserst. Schreibe deine Gedanken und Gefühle auf, die du jetzt, in diesem Moment spürst. Was machst du gerade, wie fühlst du dich dabei? Beginne jeden Satz mit »Jetzt«.

Jetzt fühle ich mich ...

Jetzt denke ich ...

Jetzt beschäftige ich mich mit ...

Dann lege den Stift zur Seite und spüre in dich hinein. Atme ruhig und entspannt. Was empfindest du, wenn du deine Sätze liest? Fällt dir etwas ein, was du an deiner augenblicklichen Situation verändern möchtest? Vielleicht sagt dir dein Körper, dass er eine Pause braucht oder etwas Bewegung möchte, bevor du weiterarbeitest. Vielleicht spürst du, dass du dich gestresst fühlst, weil die Aufgabe, die vor dir liegt, noch sehr groß ist. Mache dir bewusst, dass niemand von dir erwartet, dass du den Berg an einem Tag besteigst. Nimm dir kleine Arbeitseinheiten vor, die du gut bewältigen kannst. Richte deine Aufmerksamkeit und Konzentration auf diese Arbeit und schiebe den Gedanken an den großen Berg in den Hintergrund. Nun kannst du dich ohne Druck deiner aktuellen Aufgabe widmen und wirst merken, dass sie dir schon viel leichter fällt.

Glück 8:
Sorgen ziehen lassen

Unser Kopf ist eigentlich niemals wirklich leer. Gerade Sorgen und Ängste springen wie Bälle in einem Flipperautomaten immer wieder in unserem Kopf herum. Es wird Zeit, den Kopf freizubekommen und diese Gedanken loszulassen. Meist hilft es schon, einen Gedanken oder eine Aufgabe, die dich gerade sehr beschäftigt, aufzuschreiben. Nach dem Motto »Gefahr erkannt, Gefahr gebannt« ist unser Gehirn beruhigt, wenn es weiß, das dieser Gedanke irgendwo steht und dadurch nicht vergessen wird. Gerade beim Einschlafen hindern uns manche Gedanken daran, zur Ruhe zu kommen. Unzählige Male umkreisen wir denselben Gedanken. Lege dir immer einen Stift und dieses Buch griffbereit neben dein Bett und schreibe diese Gedanken und Sorgen auf, sobald sie auftauchen. Dadurch kann dein Geist diesen Gedanken loslassen und du findest leichter in den erholsamen Schlaf.

» EILENDE WOLKEN! SEGLER DER LÜFTE! «
FRIEDRICH SCHILLER, DT. DRAMATIKER, 1759 – 1805

Beauty 5:
Gurkenmaske

Diese kühlende und entspannende Gel-Maske mit grüner Salatgurke und Chia-Samen verleiht deiner Haut einen besonderen Frischekick und mindert Hautrötungen.

Du brauchst:

30 ml Wasser + 1 EL Chia-Samen + ½ Salatgurke

1 TL Kokosöl + 1 EL Maisstärke, wenn nötig

Anleitung:

Fülle 30 ml lauwarmes Leitungswasser in ein Gefäß. Die Chia-Samen einrühren und etwa 10 Minuten Quellen lassen. Gelegentlich umrühren. In der Wartezeit die Gurke schälen, mit einer Gabel in einer Schale zerdrücken und durch ein Sieb geben. Den Saft auffangen und mit dem Chia-Gel verrühren. Für etwa 5 Minuten in den Kühlschrank stellen, danach einen Teelöffel Kokosöl unterrühren. Wenn dir das Gel noch zu flüssig ist, kannst du etwas Maisstärke hineinrieseln lassen und es erneut gründlich verrühren.

Reinige dein Gesicht gründlich und trage die Gel-Maske gleichmäßig auf. Lasse sie etwa 15 Minuten einwirken und spüle sie dann mit klarem Wasser ab. Nutze die Zeit doch für eine Meditation oder einen Body-Scan. Dann erfrischst du nicht nur deine Haut, sondern auch deinen Körper.

Oktober

Mit jedem Tag färben sich die Blätter nun bunter. Der »Indian Summer« zaubert im milden Herbstlicht goldene Farben auf das Laub und lässt es leuchten. Genieße diese Geschenke der Natur aus vollem Herzen und speichere für die kommenden nassen und kühlen Tage deine Portion Sonne und Licht. Jetzt ist die Zeit für lange Spaziergänge und ein letztes Picknick im Grünen. Spiele mit dem Wind und lasse einen Drachen steigen. Ziehe die Gummistiefel an und springe durch die Pfützen, wenn es draußen in Strömen regnet. Jedes Wetter hat seine Qualität. Nutze sie, dann stellt sich bei dir auch eine Zufriedenheit ein, die unabhängig von den äußeren Umständen ist. In dem Moment, in dem wir aufhören, uns mit der Realität zu streiten, sind wir wirklich frei. Das Geheimnis der Gelassenheit besteht darin, mit dem Unvermeidlichen im Einklang zu leben. So wie eben mit dem Wetter. Hier kannst du täglich Gelassenheit erlernen und den Gedanken aufgeben, das Wetter irgendwie beherrschen zu wollen oder dich vom Wetter beherrschen zu lassen. Das Wetter ist, wie es ist. Diese Einsicht kannst du auf viele Bereiche in deinem Leben anwenden. Was auch geschieht, wir entscheiden darüber, darin Glück oder Unglück zu sehen.

> »Du kannst den Wind nicht ändern,
> aber du kannst die Segel anders setzen.«
> Aristoteles, griechischer Gelehrter, 384 – 322 v. Chr.

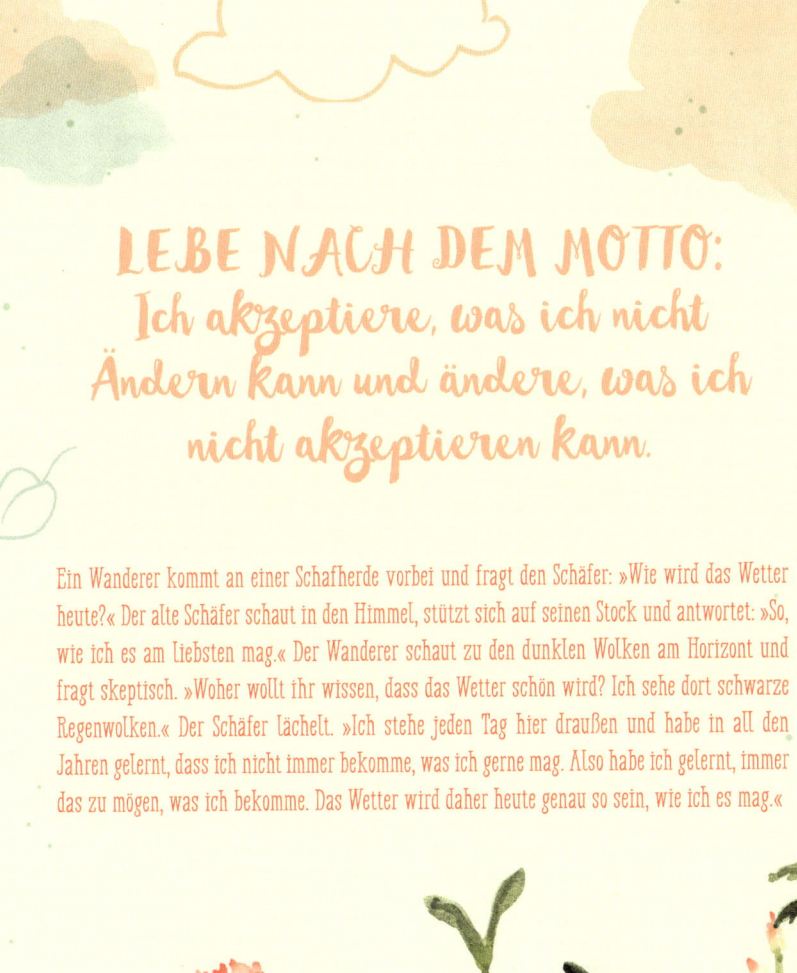

LEBE NACH DEM MOTTO:
Ich akzeptiere, was ich nicht
ändern kann und ändere, was ich
nicht akzeptieren kann.

Ein Wanderer kommt an einer Schafherde vorbei und fragt den Schäfer: »Wie wird das Wetter heute?« Der alte Schäfer schaut in den Himmel, stützt sich auf seinen Stock und antwortet: »So, wie ich es am liebsten mag.« Der Wanderer schaut zu den dunklen Wolken am Horizont und fragt skeptisch. »Woher wollt ihr wissen, dass das Wetter schön wird? Ich sehe dort schwarze Regenwolken.« Der Schäfer lächelt. »Ich stehe jeden Tag hier draußen und habe in all den Jahren gelernt, dass ich nicht immer bekomme, was ich gerne mag. Also habe ich gelernt, immer das zu mögen, was ich bekomme. Das Wetter wird daher heute genau so sein, wie ich es mag.«

Yoga 10:
»Der herabschauende Hund«

Der herabschauende Hund ist wohl eine der bekanntesten und effektivsten Yoga-Übungen. Er dehnt die Brust-, Rücken- und Schultermuskulatur. Er weitet den Brustkorb und damit deinen Herzraum und dein Lungenvolumen. Dein Herzschlag verlangsamt sich, das Gehirn wird mit frischem, sauerstoffreichem Blut versorgt. Die Übung reinigt den Geist, stärkt das Selbstvertrauen und fördert die Konzentration.

Anleitung:

Die Ausgangsposition für diese Übung ist der Vierfüßlerstand auf deiner Matte. Du kannst diese Übung sehr gut auf die »Katze und Kuh«-Übung folgen lassen. Die Hände stützt du unter deiner Schulter ab und fächerst deine Finger auseinander, sodass du einen guten Halt hast. Die Grundgelenke von Zeigefinger und Daumen drücken fest in die Erde. Die Knie stehen hüftbreit unter deinem Beckenknochen. Deine Zehen stellst du auf, damit du dich gut hochdrücken kannst.

Mit der nächsten Ausatmung hebst du die Knie vom Boden und streckst deinen Po nach oben. Nun bildet dein Körper ein umgedrehtes V. Dein Rücken und deine Arme und Beine sind ganz durchgestreckt – pass jedoch auf, dass du die Ellenbogen nicht überstreckst, sondern versuche, hier eine unsichtbare Mirkobeuge zu halten. Versuche, dabei die Fersen ohne Druck Richtung Boden zu senken.

Drehe die Schultern etwas nach außen, sodass deine Achselhöhlen sich gegenseitig ein Lächeln schenken können. Dein Kopf bildet eine Linie mit deinen Oberarmen. Dein Blick geht zur Matte. Atme tief ein und aus und versuche, mit deinem Atem deinen Brustkorb zu weiten. Dein Gewicht liegt auf deinen Händen. Sie sind stark und können dich in dieser sicheren Position gut halten. Versuche, 1–3 Minuten in dieser Haltung zu bleiben und ruhig zu atmen. Löse den Hund wieder auf, indem du deine Knie langsam auf den Boden absinken lässt. Lasse deinen Po auf deine Fersen sinken. Du liegst nun in der entspannten Haltung des Kindes. Schenke deinem Rücken ein paar entspannende Atemzüge, bevor du dich wieder aufrichtest.

» ALLE LEBEWESEN AUẞER DEN MENSCHEN WISSEN, DASS DER HAUPTZWECK DES LEBENS DARIN BESTEHT, ES ZU GENIEẞEN.«
SAMUEL BUTLER, ENGLISCHER SCHRIFTSTELLER, 1835–1902

Mut 3: Zähme deinen inneren Schweinehund

Das Einzige, was zwischen dir und deinem Erfolg steht, sind die Ausreden deines inneren Schweinehundes, von denen du dich immer wieder ablenken lässt. Dein innerer Schweinehund kennt alle Tricks der Ablenkung. Er flüstert dir tausend Ausflüchte, Bedenken und Einwände ein, die dich von deinem Vorhaben abringen sollen. Joggen soll ja ganz schlecht für die Gelenke sein; Schokolade hat gar nicht so viel Zucker; ich kann mich gerade nicht konzentrieren, da brauche ich erst gar nicht erst mit den Hausaufgaben anzufangen … Kommt dir bestimmt bekannt vor.

Doch du kannst lernen, deinen inneren Schweinehund zu ignorieren. Wenn es darum geht, deine Ideen und Ziele durchzusetzen, hat er kein Mitspracherecht. Verbiete ihm das Wort »aber«. Jetzt zählen keine Einwände des faulen Tiers, jetzt wird nicht gehadert, sondern gemacht – und zwar sofort. Schreibe dir eine Liste der Dinge, bei denen du deinen Schweinehund erfolgreich in die Ecke verbannt hast. Sei stolz auf das, was du dadurch erreicht hast.

> »Finde heraus, was du tun willst, und tu es dann aus vollem Herzen.«
>
> Buddha, ca. 400 v. Chr.

Achtsamkeit 10:
Ich sehe was...

Die Welt steckt voller kleiner Wunder. Man muss sie nur entdecken. Sicherlich hast du früher auch gerne die sogenannten »Wimmelbücher« angeschaut und auf den Bildern die versteckten Gegenstände gesucht, oder?

Mache dir dein eigenes Wimmelbild. Dein Bilderrahmen ist dein Fenster.

Stell dir einen Stuhl vors Fenster, damit du länger hinausschauen kannst und lege dir Stift und dieses Buch bereit. Schreibe alles auf, was du entdeckt hast. Vielleicht sammelt ein Eichhörnchen Nüsse für den Winter, oder die Katze vom Nachbarn balanciert über den Zaun. Es gibt vieles zu entdecken.

Achtsamkeit 11:
Eine Schatztruhe voller positiver Erinnerungen

Du kannst dir einen wertvollen Schatz anlegen, indem du schöne Augenblicke sammelst und als Erinnerung in deinem Herzen ablegst. Wenn du einen besonderen Moment erlebst, mache ihn dir ganz bewusst. Schaue dich intensiv um, atme tief ein, achte auf die Geräusche und Gerüche deiner Umgebung. Spüre, wie das Glücksgefühl des puren Augenblicks warm durch deinen Körper strömt. Dann zwick dich in den kleinen Finger. Durch diesen kleinen Schmerzreiz kannst du Erinnerungen besser abspeichern

Wenn du später traurig bist, zu nichts Lust hast, schnell gereizt bist und dich einfach schrecklich elend fühlst, kannst du die Augen schließen und den besonderen Augenblick wieder hervorholen. Das Beruhigende ist, dass jeder mal einen schlechten Tag hat. Solche Tage kannst du als Anlass nutzen, um ein bisschen in der Vergangenheit zu schwelgen und dich an schöne Situationen zu erinnern. Schreibe jeden schönen Moment auf. Ein Blick auf die Liste, und schon schleicht sich ein Lächeln in dein Gesicht und lässt es von innen leuchten.

»Gib jedem Tag die Chance, der schönste deines Lebens zu werden.«
Mark Twain, amerikanischer Schriftsteller, 1835–1910

Glücks–
momente

Glücksmomente wissen oft gar nicht wie wertvoll sie sind. Erst die Erinnerung lässt sie wachsen. Genieße den Tag, denn die Momente von heute sind die Erinnerungen von Morgen. Schreibe hier alles auf, was dich glücklich gemacht hat: besondere Menschen, die für dich da waren, ein besonders schöner Ort oder eine schwere Herausforderung, die du gemeistert hast.

Soulfood 6:
Bananen-Milchshake

Dieser Milchshake schmeckt wie flüssiges Glück. Er macht dich so satt, dass du ihn auch mal als Frühstücksersatz vor der Schule trinken kannst. Mache am besten gleich zwei Portionen und teile dein Glück.

Du brauchst:

1 große reife Banane

3 Datteln oder einen EL Dattelsirup

0,3 l Mandelmilch

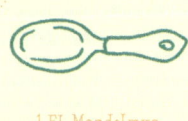

1 EL Mandelmus (aus dem Glas)

1 Prise Zimt

Anleitung

Die Datteln mit einem scharfen Messer etwas zerkleinern und dann mit den übrigen Zutaten in einen leistungsstarken Mixer geben. Pürieren, bis ein gleichmäßiger Milchshake entsteht. Noch cremiger wird der Shake, wenn du die Bananen am Vorabend schälst, in kleine Stücke schneidest, in einen Gefrierbeutel gibst und über Nacht in den Kühlschrank legst. Dann die gefrorenen Stückchen einfach so mit in den Mixer geben.

Glück 9:
Das Geschenk der Weisheit

Kann eine simple Geschichte unser Leben verändern? Kann ein einzelner Satz dein weiteres Leben beeinflussen? Ja! Worte sind mächtig. Sie helfen dir, deine Perspektive zu ändern, deine Vergangenheit loszulassen, dich selber im Jetzt zu erkennen, und geben dir Impulse für dein weiteres Sein. Kleine Weisheiten machen die Welt für einen Moment zu einem besseren Ort. Inspirierende Geschichten können dich glücklich machen.

> » WEISHEIT IST DER HAUPTBESTANDTEIL DES GLÜCKS. «
>
> SOPHOKLES, GRIECHISCHER DICHTER, CA. 406 V. CHR.

Der weiße Wolf
Indianische Weisheit

Ein alter Cherokee-Indianer saß mit seinem Enkel am Lagerfeuer.
Die Flammen des Feuers warfen gespenstische Schatten auf die Bäume
um sie herum. Der Junge rückte ängstlich näher an seinen Großvater.
»Ich erzähle dir eine Geschichte, und dann wirst du dich nicht mehr
fürchten«, versprach ihm der alte Mann lächelnd. »In deinem Herzen
leben zwei Wölfe. Der schwarze Wolf steht für das Dunkle. Er ist
gierig, rachsüchtig, aggressiv und grausam. Der weiße Wolf ist liebevoll,
großzügig und sanft. Die beiden Wölfe kämpfen in deinem Herzen um die
Herrschaft.« Der kleine Junge schaute ihn mit großen Augen an.
»Und welcher Wolf gewinnt?«, fragte ihn der Junge. Da lächelte der Alte
und sagte: »Der Wolf, den du besser fütterst.«

Glück 9:
Das Geschenk der Weisheit (Teil 2)

Schreibe hier Geschichten, Sätze oder Worte auf, die dich
berührt haben und die in deinem Leben eine Änderung
oder einen Perspektivwechsel bewirkt haben.

November

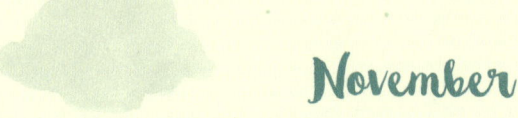

Die ersten Herbststürme toben über das Land und bringen Regen und Kälte. Der November ist der Monat des Abschieds, des Gedenkens der Toten und der Einkehr. Jetzt ist die perfekte Zeit, um dich in dein warmes Zimmer zurückzuziehen und es dir gemütlich zu machen. Wenn der Regen an die Scheiben prasselt und der Wind um die Häuser heult, fühlst du dich drinnen wunderbar geborgen. Nutze diese besondere Zeit, um dich selber näher kennenzulernen, und befreie dich von alten Problemen, Fehlern und Schuldgefühlen. Der November ist der Monat des Loslassens. Vielleicht musstest du dich in diesem Jahr von jemandem trennen. Vielleicht ist eine gute Freundin weggezogen, oder du musstest dich von einem Familienmitglied verabschieden. Auch die schweren Stunden gehören zu unserem Leben. Du wirst durch sie wachsen und kannst die hellen Stunden dann umso intensiver genießen. Mache dir bewusst, dass jedes Gespräch, jede Begegnung mit einem Menschen die letzte sein könnte. Beende daher jede Begegnung so, wie du sie in Erinnerung behalten möchtest. Kläre jeden Streit sofort, löse Missverständnisse auf, entschuldige dich für deine Fehler. Befreie dich von jeglichem seelischen Ballast. Und genieße deine Freiheit. Lerne dich neu kennen. Staune über deine innere Kraft. Entwickle deine Visionen für deine Zukunft. Finde heraus, was dein persönlicher Herzenswunsch für dein Leben ist. Entfessele die Kraft deiner Seele, die dich glücklich macht.

>> **Die Fähigkeit, glücklich zu leben, kommt aus einer Kraft, die der Seele innewohnt.** <<
Marc Aurel, römischer Kaiser und Philosoph, 121–180 n. Chr.

Sei du selbst.
Sei einzigartig.
Sei glücklich.

Achtsamkeit 12:
Tägliches Rückspulen

Diese Achtsamkeitsübung hilft dir dabei, mit Vergangenem abzuschließen, indem du aus deinen Fehlern oder Stärken lernst. Am effektivsten ist diese Übung, wenn du sie vor dem Schlafengehen durchführst, um dein Unterbewusstsein auf einen erholsamen Schlaf vorzubereiten.

Reinige deinen Tag von unangenehmen Erfahrungen, indem du schlechte Gefühle mit guten überschreibst.

Lege dich bequem auf eine Matte oder dein Bett. Nimm dir ein weiches Kissen für deinen Kopf. Atme entspannt ein und aus und beobachte einen Moment lang deinen Atem.

Nun spule deinen Tag zurück und betrachte ihn noch einmal von Anfang bis Ende.

Wenn du an eine Stelle kommst, wo du dein eigenes Verhalten missbilligst, oder falsch auf eine Situation reagiert hast, halte das Band im Kopf an und schaue dir die Szene noch einmal in Slow Motion ganz genau an.

Stelle dich deiner Kritik. Hättest du anders reagieren können? Stellt sich die Situation jetzt anders da, wenn du sie von außen betrachtest?

Jetzt spulst du die Stelle wieder an den Anfang und überschreibst sie mit der Fassung der Realität, die zwar dieselben Fakten hat, auf die du nun aber mit deinem jetzigen Wissen reagieren würdest. Die Tatsachen kannst du zwar nicht verändern, aber nun hast du das Gefühl, in dieser Situation richtig gehandelt zu haben. Dein Unterbewusstsein ist nun mit dieser Situation ausgesöhnt und kann sie loslassen. Du überschreibst natürlich nicht deine Erinnerung, sondern nur die Gefühle, die du mit dem Ereignis verbindest. Dadurch sendest du unbewusst Signale an dein zukünftiges Ich aus. Statt z. B. zu denken: »Mir passiert immer so etwas, ich bin immer das Opfer.«, kannst du dir dadurch selber ein heilendes Pflaster geben und ein Gefühl der Stärke über die Situation kleben. Dadurch machst du deinem zukünftigen, unterbewussten Ich klar: Ich bin stark und lasse mich nicht zum Opfer machen. Durch diese Selbstheilungskräfte deiner Seele wirst du in der nächsten brenzligen Situation stark und weitsichtig handeln.

Schaue dir wie bei einem Videofilm diese neue Fassung erneut an, in der du souverän und richtig reagiert hast. Der Moment fühlt sich nun anders an.

Bearbeite so jede unangenehme Stelle, bis du das Gefühl hast, den Tag nun gut abschließen zu können. Nun ist dein Unterbewusstsein gereinigt und kann dich in einen erholsamen Schlaf gleiten lassen.

Love 10:
Wer bin ich? (Teil 1)

Bist du bereit, dich von der Meinung der anderen zu lösen und ein selbstbestimmtes Leben zu leben? Oft sind es die kleinen Schritte, die uns wachsen lassen. Lebe nach dem Motto:

Wenn andere ein Problem mit mir haben, stört es mich nicht. Ist ja schließlich ihr Problem.

Du bist der wichtigste Mensch in deinem Leben. Also, schreite mutig voran und zeige allen deine Einzigartigkeit. Sei Pippi Langstrumpf und mache dir deine Welt, wie sie dir gefällt. Wenn du achtsam mit dir und deiner Umgebung umgehst, wird es das Leben gut mit dir meinen.

Du selbst zu sein, bedeutet nicht ein arroganter Egoist zu werden, sondern dich selber zu lieben und die eigenen Ziele an oberste Stelle zu heben, ohne dabei die Rechte und Wünsche der anderen niederzureißen. Dazu ist es wichtig, dich erst einmal genau kennenzulernen. Was sind eigentlich deine Wünsche und was sind die Spiegelwünsche deiner Umgebung, die sie auf dich überträgt? Magst du deine neue Frisur oder trägst du sie nur, weil sie modern ist?

Zeit, dich selber kennenzulernen

Schreibe die folgenden Fragen und dazugehörigen Antworten auf ein Extrablatt und lege dieses hier in das Buch. Wenn du jemals wieder an dir zweifeln oder dir unsicher sein solltest, dann lese dir das Geschriebene durch und besinne dich, wer du bist und wer du einmal sein möchtest, denn trotz Unsicherheit und Zweifel, denke immer daran: Du kannst alles schaffen!

1. Was mache ich gerne und mit Leidenschaft?

2. Was sind meine Stärken?

3. Welches langfristige Ziel habe ich in meinem Leben?

4. Welche Motivation versteckt sich hinter meiner Handlung?

5. Warum mache ich nicht genau das, was ich wirklich will?

6. Wer oder was hindert mich, meine Ziele zu verwirklichen?

7. Welche Menschen tun mir gut?

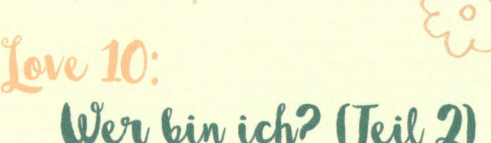

Love 10:
Wer bin ich? (Teil 2)

Besinne dich auf dich selbst und befreie dich von dem Ballast, Wünsche zu erfüllen, die andere auf dich reflektieren.

Wer bin ich und was will ich?

Nimm diese Frage mit durch den Tag. Stell dich vor den Spiegel und betrachte deine Kleidung. Hinterfrage deine Auswahl. Warum trage ich dieses Outfit? Will ich jemanden mit den Marken oder mit meiner aufgesetzten Extravaganz beeindrucken? Ist das wirklich mein Geschmack?

Schreibe auf die eine Seite, was nicht zu dir gehört und was du loslassen möchtest, und auf die andere Seite, was genau zu dir passt.

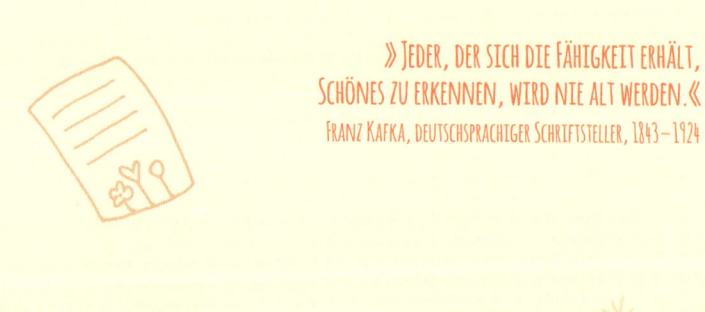

» JEDER, DER SICH DIE FÄHIGKEIT ERHÄLT,
SCHÖNES ZU ERKENNEN, WIRD NIE ALT WERDEN. «
FRANZ KAFKA, DEUTSCHSPRACHIGER SCHRIFTSTELLER, 1843–1924

Das möchte ich loslassen:

_____
_____
_____
_____
_____
_____
_____
_____
_____
_____
_____
_____
_____
_____

Das passt zu mir:

_____
_____
_____
_____
_____
_____
_____
_____
_____
_____
_____
_____
_____

Love 10:
Wer bin ich? (Teil 3)

Mit dieser einfachen Übung kannst du effektiv herausfinden, was dich wirklich glücklich und zufrieden macht:

Schreibe auf, was dich glücklich macht, schreibe daneben eine Liste von Dingen, die du täglich machst. Vergleiche nun beide Listen und streiche die Dinge von der Liste, die du täglich machst, obwohl sie dir keinen Spaß machen. Nutze die gewonnene Zeit, um mehr Dinge von der Liste zu machen, die du magst. Das klingt simpel, ist aber ziemlich effektiv, um dir klarzumachen, dass man für viele Dinge, die einem Spaß machen, oft zu wenig Zeit einplant.

» Ich kenne keinen sicheren Weg zum Erfolg, aber einen sicheren zum Misserfolg: Es allen Recht machen zu wollen. «
Platon griechischer Philosoph, 428 – 348 v. Chr.

Das macht mich glücklich:

_____
_____
_____
_____
_____
_____
_____
_____
_____
_____
_____
_____
_____
_____
_____

Dinge, die ich täglich tue:

_____
_____
_____
_____
_____
_____
_____
_____
_____
_____
_____
_____
_____
_____
_____

Yoga 11:
Emotionen-Scan

Versuche heute, bei deiner Meditation deine Gefühle zu spüren. Lege oder setze dich in eine angenehme Position. Vertiefe den Atem und beobachte, wie er langsam und achtsam ein- und ausfließt. Spüre die Kraft des Atems der nun Ruhe bringt. Lass deine Konzentration auf deinen Atem los und versuche, deine Gefühle zu spüren. Bestimmte Gefühle kann man in verschiedenen Arealen des Körpers spüren. Negative Gefühle sitzen oft in der Kehle und schnüren uns den Hals zu, oder sie drücken auf den Brustkorb und das Herz. Vorfreude und Glück dagegen lässt uns schneller atmen und es im Bauch kribbeln.

Versuche zu spüren, welche Gefühle dich gerade beschäftigen und wo du sie in deinem Körper orten kannst. Dann erlaubst du deinem Körper zu fühlen. Das darf auch mal ein Schmerz sein, auf den du deine Achtsamkeit lenkst. Indem du deinem Körper die Erlaubnis gibst, das Gefühl wahrzunehmen und anzunehmen, ohne es zu werten oder wegzuschieben, kann er es loslassen. Wandere weiter durch deinen Körper und beobachte, ob sich ein neues Gefühl in dein Bewusstsein schiebt. Dann wende deine Aufmerksamkeit wieder zu deiner Atmung. Atme alles, was dich belastet, aus und atme positive Kraft und Energie ein. Halte einen Moment lang die Luft an. Verteile die Energie an die Stellen im Körper, die du zuvor gespürt hast, und atme dann den Ballast, den Schmerz und das Negative wieder aus. Bleibe noch einen Moment lang liegen und bewege dann langsam die Finger und Füße, bevor du dich wieder aufrichtest und erfrischt die Augen aufschlägst.

Hast du während der Meditation eine Veränderung spüren können? Wie geht es dir, wenn du negative Gedanken oder Schmerz zulässt und nicht verdrängst? Schreibe deine Beobachtungen hier und auf der nächsten Seite auf. Weise deine Empfindungen den jeweiligen Körperregionen zu. Je öfter du diese Meditation durchführst, desto leichter wird es dir fallen, negative Blockaden zu lösen.

> » WENN EIN ANGENEHMES GEFÜHL AUFTAUCHT, WISSE,
> DASS DIES DIE ERFAHRUNG EINES ANGENEHMEN GEFÜHLS IST.
> WENN EIN SCHMERZHAFTES GEFÜHL AUFTAUCHT, WISSE,
> DASS DIES DIE ERFAHRUNG EINES SCHMERZHAFTEN GEFÜHLS IST. «
>
> BUDDHA, CA. 400 V. CHR.

Glück 10:
Verschenke Glück

Bringe heute Glück in das Leben deiner Freunde, Eltern und allen Menschen, denen du begegnest. Beschenke deine Freunde mit einer Kleinigkeit, die von Herzen kommt. Unerwartete kleine Geschenke feuern in dem Körper des Beschenkten und in dem des Schenkenden ein wahres Endorphin-Feuerwerk ab. Endorphine sind die Glücksbotenstoffe, die dein Körper wie Bonbons verteilen kann. Vielleicht gibt es heute jemanden in deiner Familie, der einen guten Rat braucht oder eine Freundin, die eine schwere Prüfung hat und einen Glückspfennig gebrauchen kann? Wenn du jemandem etwas schenkst, wird er den ganzen Tag an dich denken. Verschenke diese Kleinigkeiten, auch wenn es nur ein gepresstes buntes Herbstblatt ist, wie ein kostbares Juwel. Bastele eine kleine Verpackung und verziere sie.

» ES GIBT KEINEN WEG ZUM GLÜCK.
GLÜCKLICHSEIN IST DER WEG. «
BUDDHA, CA. 400 V. CHR.

DIY 3:
Glücksschachteln basteln

Für das Basteln der Geschenkschachteln brauchst du folgende Materialien:

- einen Bogen festes Ton- oder Geschenkpapier
- Lineal, CD
- Schere und Bleistift
- Geschenkband
- Glitzersteine, Pailletten etc. Zum verzieren

Anleitung:

Lege eine alte CD als Vorlage auf das Papier und zeichne mit dem Bleistift zwei Kreise. Du kannst statt der CD auch einen Zirkel verwenden. Dann hast du auch schon einen Mittelpunkt. Schneide diese Kreise sorgfältig aus. Markiere mit dem Bleistift auf der Rückseite den Mittelpunkt. Lege das Lineal an dem Punkt an und markiere die Linie am Kreisrand. Im 90°-Winkel eine weitere Linie kreuzen lassen und auch markieren. Jetzt nimmst du die CD und legst sie zwischen die Markierungen am Rand und ziehst die Linie mit der Kante des Lineals oder einem Falzbein nach. Das Ganze machst du viermal. Jetzt kannst du die Seiten nach innen abknicken. Schiebe zwei Kreise ineinander. Binde eine schöne Schleife um das Päckchen, damit es nicht auseinanderfällt, oder klebe die Seiten zusammen. Fertig ist die Schachtel zum Verschenken von kleinen Glücksbringern.

»Du lächelst – und die Welt verändert sich.«
Buddha, ca. 400 v. Chr.

Mut 4:
Vergeben

Liebe ist die Kunst, den anderen so zu akzeptieren, wie er ist. Anstatt den anderen ändern zu wollen, solltest du dich fragen, was du selbst ändern kannst. Wir neigen dazu, bei anderen die Schuld zu suchen. Doch es gilt das Prinzip von Ursache und Wirkung. Vielleicht haben wir uns ja selber dumm verhalten und ärgern uns nun über die Reaktion des anderen? Sich in den anderen hineinzuversetzen und zu versuchen, seine Motivation zu verstehen, ist der erste Schritt, um Missverständnisse aufzuklären. Fehler und Schuld zu vergeben ist der zweite. Vergeben und vergessen bringt Frieden. Das gilt nicht nur für deine Umgebung, sondern auch für dich selbst. Vergib dir liebevoll die Fehler, die du gemacht hast. Hadere nicht mit Entscheidungen, die du getroffen hast und die sich nicht mehr korrigieren lassen. Vergib dir deine Fehler und deine Schuld und befreie dich vom schlechten Gewissen. Lebe dein Leben frei von diesen Gefühlen der Vergangenheit. Gib ihnen keine Macht über deine Gegenwart.

> »Und vergib uns unsere Schuld, wie auch wir unseren Schuldigern vergeben.«
> Bibel, Matthäus 6:12

Meditation: Vergebung

Denke an die Menschen, denen du vergeben möchtest. Denke an deine eigenen Fehler. Kritisiere dich nicht, sondern schließe dich liebevoll in die Vergebung ein.

Setze dich bequem in den Schneidersitz. Zünde eine weiße Kerze an und sprich die Wörte mindestens zehn Mal laut und deutlich in die Flamme.

OM NAMAHA SHIVAYA

Herr, Dein Wille geschehe.

Ich verzeihe mir meine Schuld.

Ich verzeihe dir deine Schuld.

Ich verzeihe mir, was ich dir angetan habe.

Ich verzeihe dir, was du mir angetan hast.

Ich liebe dich